민주주의 워크북

— 민주주의 근육을 키우자 —

김민전 지음

백산서당

민주주의 워크북
– 민주주의 근육을 키우자 –

서 문　　　　　　　　　　　　　　　　　　　　7

1 정치와 시장

홉스의 자연상태　　　　　　　　　　　　　　13
군주정치, 직접민주정치, 대의민주정치　　　　15
공공선　　　　　　　　　　　　　　　　　　　19
누가, 무엇을, 언제, 어떻게 부담하는가?　　　　20
누가, 무엇을, 언제, 어떻게 가지는가?　　　　　22
정치와 시장　　　　　　　　　　　　　　　　　24
시장의 실패, 정치의 실패　　　　　　　　　　　26

2 대의민주주의와 주인과 대리인 문제

고대 아테네의 직접 민주주의　　　　　　　　32
대의민주주의의 원칙　　　　　　　　　　　　36
대의민주주의 한계와 극복방안　　　　　　　　40

3 정치이념

정치이념의 기능 52
정치이념의 종류 55
한국의 정치이념 64

4 선거제도와 투표

대의민주주의와 선거 74
바람직한 선거의 조건 75
선거제도 80
누가 선출되나 94
어떻게 투표하나? 115

5 의회와 대통령

의 회 125
대통령 135

6 정당과 정치자금

정　당　　　　　　　　　　　　　　　148
정치자금　　　　　　　　　　　　　168

7 정의, 다양성, 공정성

정의의 역사적 변천　　　　　　　　180
정의에 대한 다양한 관점들　　　　　189
그럼 정의는 무엇인가?　　　　　　　196

8 리더와 리더십

리더십 연구의 역사적 변화　　　　　208
그럼 바람직한 리더십은?　　　　　　234

9 민주주의와 경제

경제가 민주주의에 미치는 영향 242
민주주의가 경제에 미치는 영향 248

참고문헌 265

서 문

　1974년 포르투갈의 카네이션 혁명을 필두로 약 30년간 세계는 제3의 민주화 물결이 이어졌다. 유럽에서 시작해서 아시아와 라틴아메리카로, 그리고 동유럽에서 다시 중동과 아프리카로 민주화 물결은 이어졌다. 헌팅턴에 따르면 60개 이상의 국가가 이 시기에 민주화를 이루었다.

　그러나 세기의 전환과 함께 민주주의도 후퇴하고 있다는 우려가 나오고 있다. 러시아를 필두로 베네수엘라, 태국, 필리핀, 터키, 우크라이나, 온두라스 등에서 민주주의가 붕괴했다. 뿐만 아니라 프리덤하우스(Freedom House)의 조사를 보면 전 세계의 자유지수는 2005년에 피크를 이루고, 2006년부터 하락하기 시작해 2017년 조사에 이르기까지 12년간 지속적으로 악화되고 있다.

　후쿠야마 교수는 공산주의의 붕괴를 보면서 자유주의가 최후의 이데올로기라고 주장한 바 있지만, 오히려 최근의 양상은 제2차 세계대전 이후 민주주의 전도사로 나섰던 미국마저도 민주주의 후퇴를 경험하고 있다. 러시아의 2016년 미국 대선개입을 비롯해 트럼프 행정부의 이익충돌적인 고위공직자 인사와 투명성 결핍, 그리고 인종주의적인 선동과 언론에 대한 적대적 태도는 미국의 민주주의를 후퇴시키고 있다. 이는 미국의 자유지수가 급격히 하락하고 있다는 프리덤 하우스의 보고서에서도 확인할 수 있다.

러시아와 중국과 같은 독재국가들은 독재체제를 유지하는 데 위협이 되는 언론인이나 야당 정치인에 대해 백주대낮에도 테러를 자행할 뿐 아니라 반정부적인 조직을 폭압하고 있다. 뿐만 아니라 자신들과 친화적인 정권을 선택하기 위해 다른 국가의 선거에도 개입하고 있다. 러시아는 2016년 미국 대선개입을 비롯해 우크라이나 선거에 개입한 것으로 의심받고 있을 뿐 아니라 유럽의 인종주의 정당들과도 연계되어 있다는 의심을 받고 있다.

결국 21세기에 들어 광범위하게 확산되고 있는 민주주의 후퇴는 민주화를 이루는 것에 못지않게 민주주의를 지켜나가는 것이 어려운 과제임을 보여준다. 제2의 민주화 물결을 타고 선출된 각국의 민주 정부들이 군사정변에 의해 무너졌던 것에 반해, 제3의 민주화 물결을 탔던 국가들은 디지털 기술과 결합한 불공정한 선거와 여론조작으로 민주주의가 붕괴되고 있다. 이는 국가기관의 대선개입과 드루킹 등의 댓글조작 사건을 겪은 한국 민주주의에도 무시하지 못할 반면교사다.

이 책은 전 세계적으로 민주주의가 공격받는 시기에 한국 민주주의를 지켜나갈 수 있도록 민주주의 근육을 키우자는 생각에서 시작했다. 민주주의의 원칙과 작동원리를 잘 알고 판단력을 키울수록 거짓정보와 선동에 휩쓸리지 않을 수 있다는 생각에서 시작했다. 필자의 무능력으로 그 목적을 얼마나 달성할 수 있을지 두렵지만, 독자의 비판을 바탕으로 앞으로 완성도를 더 높여가고자 한다.

1
정치와 시장

정치와 시장

우리 집 둘째 아이는 어려서 유난히 '똥' 이야기를 좋아했다. "뿡" "뿌지직" 매번 동일하게 내는 의성어에도 떼굴떼굴 구르며 좋아했다. 똥을 주제로 한 무수한 동화책 가운데서 내가 가장 좋아했던 책은 『아기 참새가 똥을 쌌어요』라는 책이다. 오래 전이라 책 제목이 정확하지는 않지만 그렇게 내 기억에 남아 있다.

둘째 아이가 좀 자라자 '똥'에서 '자동차'로 관심이 옮겨갔고, 그 책은 어린 아이를 키우는 친척집에 주었기 때문에 집에 남아 있지는 않다. 정확한 내용을 다시 보기 위해 인터넷서점을 검색해 보지만, 찾을 수가 없다. 아마 절판되었나 보다.

나의 기억 속에 남아 있는 책의 내용은 이렇다.

아기 참새가 나뭇가지에 앉아서 똥을 쌌어요.
그만 참새의 똥이 강아지의 밥그릇에 떨어졌어요.

강아지는 화가 나
시냇물에 똥을 쌌어요.

이번에는 붕어들이 화가 났어요.

화가 난 붕어들이 시냇물에 똥을 싸놓고 시냇물을 떠났어요.
어느 날 시냇물에 물 마시러 온 사슴은 더러워진 시냇물에 화가 났어요.

물을 마실 수 없어서 화가 난 사슴은 숲 여기저기에 똥을 쌌어요.
숲은 똥으로 가득 찼고 동물들은 더 이상 숲에서 살 수 없게 되었어요.
……

이 동화책은 유아들의 배변훈련을 돕기 위해 만들어진 동화이지만, 정치의 의미를 이해하는 데도 매우 유용한 동화다.

홉스의 자연상태(Thomas Hobbes' State of Nature)

동물들이 아무데서나 똥을 싸고, 또 그렇게 하는 다른 동물에게 화를 내면서 나라고 질 수 없다는 듯이 똥을 싸서 숲과 시냇물을 더럽히는 것은, 근대 정치학자인 토마스 홉스의 책 『리바이던(Leviathan)』에 나오는 자연상태와 유사하다.

홉스는 자연상태를 만인 대 만인의 투쟁(war of all against all) 상태라고 한다. 이러한 자연상태에서는 안락한 삶은 불가능하다. 내가 가진 것을 언제 빼앗길지 몰라서 전전긍긍해야 하며, 언제 다른 사람의 공격으로 죽을지 몰라 불안에 떨어야 하는 상태다.

홉스는 이러한 자연상태에서는 학문도, 예술도, 사회도 존재할 수 없으며, 이러한 상태에서의 인간의 삶은 가난하고, 외롭고, 두려움에 떨며, 야만적일 수밖에 없다고 한다. 그리고 이러한 야만적인 자연상태에서 벗어나기 위해서는 강력한 군주의 지배가 필요하다고 한다.

토마스 홉스(Thomas Hobbes, 1588-1679)[1]

영국 정치철학자인 홉스는 자연상태에서 벗어나기 위해서는 군주에게 주권을 부여하는 사회계약을 맺어야 하며, 군주는 이를 바탕으로 강력한 정치를 해야 한다고 주장한다.

홉스는 나쁜 군주도 군주가 없는 것보다는 바람직하다고 하는데, 이는 오늘날의 관점에서 보면 매우 뒤떨어진 생각으로 보인다. 그러나 당시는 군주의 권한은 신이 준 것이라는 왕권신수설이 유행하고 있던 시절이었다는 것을 생각해 보면, 홉스의 사회계약론은 매우 혁신적인 것이었다. 홉스의 사회계약론은 훗날 존 로크 등에 의해 발전되어 오늘날 민주주의 이론의 기본이 된다.

---

[1] 토마스 홉스, 『리바이어던』, 최진원 옮김, 동서문화사, 2009.

군주정치, 직접민주정치, 대의민주정치

앞의 동화로 돌아가 이야기를 더 만들어보자. 대충 네 가지 정도의 이야기를 이어서 만들 수 있다. 첫째 이야기는 숲과 시냇물이 더러워져 더 이상 마실 물도, 생활할 공간도 없어진 동물들이 새로운 숲을 찾아나서는 것이다. 고생 끝에 새로운 숲을 찾았다고 해도, 그곳이 동물들의 똥으로 더러워지는 것은 순식간일 것이다. 아니 어쩌면 서로 공격당하고 죽임을 당할까봐 전전긍긍하는 동물들이 함께 새로운 땅을 찾아나서는 것 자체가 불가능할지 모른다. 동물들은 새로운 숲을 찾아서 뿔뿔이 흩어질 가능성이 높다. 홉스가 말하는 자연상태가 바로 이런 것이다.

두 번째 얘기는 숲에서 가장 힘이 센 호랑이에게 동물들을 지배할 수 있는 권한을 부여하는 계약을 맺는 것이다. 동물들을 지배할 권한을 가지게 된 호랑이는 동물들에게 세금을 걷어서 화장실을 짓고, 화장실 이외에서 볼일을 보면 가차 없이 처벌을 한다. 그 결과 숲은 깨끗해진다. 홉스는 호랑이의 지배와 같은 절대적 힘을 행사하는 **군주정치를** 찬양했다. 강한 정부가 없으면 무질서로 사회가 파괴되는 자연상태로 돌아간다고 생각했기 때문이다.

문제는 호랑이가 모든 동물에게 공정하게 세금을 매기고, 또 질서를 위반한 동물들에게 불편부당하게 벌을 준다면 좋지만, 그렇지 않을 가능성이 높다는 것이다. 절대권력은 절대 부패한다는 말처럼 착했던 호랑이가 권력을 잡고 나니 점점 난폭해진다. 자기와 가까운 동물들에게는 세금을 적게 걷고, 싫어하는 동물들에게는 세금을 많이 걷는다. 화장실을 짓는 데 드는 비용보다 훨씬 많은 세금을 걷어서 호랑이가 자기 것으로 챙긴다. 또 정작 화장실을 더럽히는 동물들은 그냥 두고 더럽히지 않는 동물에게 왜 화장실을 더럽게 이용하느냐며 폭력을 행사하기도 한다.

홉스는 설사 나쁜 호랑이가 지배해도 자연상태보다는 좋다고 하지만, 존 로크(John Locke) 등 후대의 학자들은 나쁜 호랑이의 지배가 아니라 좋은 정치를 가능하게 하는 조건은 무엇인지 고민한다. 그러나 홉스의 사회계약론은 후대 학자들도 받아들인다.

존 로크(John Locke, 1632-1704)[2]

로크는 영국의 대표적인 계몽사상가이자 자유주의의 아버지로 평가받는데, 여러 면에서 홉스와 비교된다. 로크는 자연상태에서의 인간은 모두가 평등하고 독립적이라고 하며, 모든 인간은 자신의 생명, 건강, 자유, 재산을 지킬 자연적 권한을 가지고 있다고 주장한다. 자연권을 지닌 인간들 간의 분쟁을 평화적으로 해결하기 위해 인간

---

2) 존 로크, 『시민정부』, 남경태 옮김, 효형출판, 2012.

은 시민사회를 구성하고, 자신들의 권한 중 일부를 정부에 이양했다고 한다. 정부는 국민들로부터 권한을 이양 받았기 때문에 국민의 동의를 바탕으로 하는 대의정치를 해야 한다고 주장했다. 로크는 대의정치가 제대로 이루어지기 위해서는 정부의 권한을 분립시켜서 서로 견제할 수 있도록 해야 한다고 주장한다. 또, 국민의 동의를 얻지 못하는 정부는 갈아엎어야 한다고 주장함으로써 국민의 혁명권을 옹호한다.

이렇게 홉스와 로크가 다른 주장을 하는 이유는 그들이 살았던 시대적 배경에서 찾을 수 있다. 영국이 내전을 겪던 시기를 살았던 홉스는 절대군주제를 찬성했던 반면, 절대군주들의 타락을 경험한 로크는 국민이 동의하는 정부를 모색하게 되었다.

세 번째 이야기는 숲속의 동물들이 모두 모여서 회의를 하는 것이다. 어떤 화장실을 지어야 할지, 각자 얼마씩 내야 할지, 또 화장실을 지을 때 누가 와서 일을 할지를 모두 회의를 통해 결정하는 것이다. 이렇게 모두 함께 논의하고, 스스로 지배하는 **직접민주정치**는 가장 바람직한 정치임에 틀림없다. 그러나 현실에서 가능하지 않은 경우가 많다.

우선 숲속 동물의 숫자가 매우 많다면, 그들이 모두 모일 장소를 찾기 어렵다. 모두 함께 모일 엄청나게 큰 장소를 찾았다고 해도, 동물들이 저마다 한마디씩 하는 데는

또 엄청나게 많은 시간이 걸린다. 오랜 시간 동안 모든 동물들이 자신의 의견을 얘기했다고 해도, 각기 다른 의견을 하나로 모아가는 것은 더욱 어렵다. 어쩌면 동물들은 끝없이 계속되는 회의에 지쳐가고 회의에 참석하지 않게 될 것이다.

직접민주정치는 넓은 지역에 많은 사람이 살고 있는 경우, 그리고 복잡한 문제를 해결하는 데서는 작동하기 쉽지 않다. 좁은 지역에 적은 사람이 살고 있는 경우, 그리고 중요하지만 해법이 단순한 문제를 해결하는 데는 주민이 스스로 통치한다는 측면에서 바람직한 제도다. 물론 의사소통 수단이 급속하게 발전한다면 넓은 지역, 많은 사람들이 참여하는 직접민주정치의 가능성은 커질 것이다.

네 번째 이야기는 숲속의 동물들이 자신들의 대표를 뽑아서, 각 대표들이 모여서 어떤 화장실을 지을지, 누가 얼마의 돈을 낼 것인지 결정하는 것이다. 또 그 대표들이 동물들에게 화장실을 제대로 사용하도록 인도하는 것이다.

이렇게 대표들을 뽑아서 그들로 하여금 의사결정을 하도록 하는 것을 간접민주정치 혹은 **대의민주정치**라고 하는데, 대의민주주의는 국가는 물론 각종 단체의 운영에도 흔히 이용된다. 학교를 예로 들어보면, 각 반에서 하는 학급회의는 전체 성원이 모두 참석해 함께 의사결정을 한다는 측면에서 직접민주정치라고 할 수 있다. 그러나 각반의 대표가 참석한 전교학생회의는 대의민주정치라고 할 수 있다. 마찬가지로 지방자치단체와 같은 작은 행정단위에서는 직접민주정치의 요소를 많이 도입할 수 있지만, 중앙정부와 같이 큰 단위에서는 대의민주정치를 근간으로 한다.

공공선(common good)

다시 정치가 무엇인가 생각해 보자. 앞에서 만들어 낸 4가지의 이야기 중 첫 번째의 이야기는 홉스가 말하는 자연상태를 벗어나지 못한 경우다. 그러나 호랑이가 군주정치를 하는 두 번째나 직접민주정치가 이루어지는 세 번째, 대의민주정치가 이루어지는 네 번째는 모두 정치가 있는 곳이다.

그럼 정치가 무엇인지 명확해진다. 정치는 공동체 구성원의 생명과 자유, 재산을 지키고, 나아가서 구성원들의 행복을 가져오는 것, 즉 구성 모두를 이롭게 하는 **공공선**을 만들어내는 과정이다.

동물들이 살고 있는 숲을 예를 든다면, 공공선인 화장실을 짓기 위해 동물들이 모여서 회의를 하고, 회의결과를 실천하기 위해 하는 모든 활동과 과정이 정치다.

학교를 예로 들면, 깨끗한 학급을 만드는 것, 우정 깊은 학급을 만드는 것 등은 학급 구성원 모두에게 이로운 공공선인데, 이 공공선을 이루어내기 위해 구성원들이 의견을 모으고 그 결과를 실천하는 활동과 과정이 정치다.

이렇게 정치는 공공선을 만들어내기 때문에 아리스토텔레스는 정치공동체인 폴리스에서 인간은 덕성스러운 삶을 살 수 있다고 했다.

아리스토텔레스(Aristoteles, BC 384-322)[3]

그리스의 철학자이자 모든 학문의 아버지로 일컬어진다. 아리스토텔레스는 인간은 본성적으로 사회적 동물이기 때문에 인간은 다른 인간으로부터 분리되어 존재할 수 없고, 가정, 마을 등 공동체를 만든다고 한다. 인간이 만든 공동체 중 최상위의 공동체가 정치공동체인 폴리스라고 하는데, 폴리스는 인간이 정의롭고, 덕성스러운 삶을 가능하게 한다고 한다.

누가, 무엇을, 언제, 어떻게 부담하는가?[4]

한 단계 더 깊이 생각해 보자. 숲속 동물들이 화장실을 짓기로 의견의 일치를 보는 것만으로 화장실이 저절로 생기지는 않는다. 화장실을 짓기 위해서는 돈이 필요하고, 이 돈을 누가 낼 것인가의 문제가 발생한다. 모든 동물들이 1/n로 똑같이 나눠서 내는 것이 좋은지,

---

3) 아리스토텔레스, 『정치학』, 천병희 옮김, 숲, 2009.
4) 라스웰(Harold D. Lasswell)은 정치를 누가 무엇을, 언제, 어떻게 가지는가 라고 규정하고 있다. 그러나 좀 더 엄밀한 의미에서 본다면, 정치는 혜택만 분배하는 것이 아니라 부담 역시 분배한다. Harold D. Lasswell, *Politics: Who Gets What, When, How,* Whittlesey house, McGraw-Hill book Company, Incorporated, 1936.

부자인 호랑이, 말, 소가 많이 내고 가난한 토끼와 참새는 적게 내는 것이 좋은지 결정해야 한다. 또, 부자인 호랑이, 말, 소가 돈을 더 많이 내기로 했다면, 얼마나 더 많이 내야 하는지 결정해야 하는데, 이렇게 공공선을 만드는 데 필요한 비용을 누가, 얼마나, 언제, 어떻게 부담하는가를 결정하는 과정도 정치다.

국가는 국방, 치안, 도로와 철도 건설, 복지 등 다양한 공공선을 만들어내고 있다. 이렇게 공공선을 만들기 위해서는 비용이 필요하기 때문에 정부는 국민들로부터 세금을 걷는데, 누가 얼마의 세금을 낼지 결정하는 과정도 정치다.

공공선을 만들어내는 데는 금전적 비용만 드는 것이 아니라 주민들 간의 갈등과 같은 사회적 비용도 들어간다. 예를 들어, 도로, 철도, 공원 등이 건설되는 지역은 그 혜택을 직접적으로 누릴 수 있기 때문에 서로 자기가 살고 있는 지역에 건설되기를 바란다. 그러나 쓰레기 매립장, 방사능폐기물 저장시설 등을 건설하고자 하면 그 지역 주민들은 거세게 반발하는 경향이 있는데, 이러한 주민들의 반발을 설득해 갈등을 최소화하는, 즉 사회적 비용을 최소화하는 과정도 정치다.

님비와 핌피

님비(not in my back yard)는 쓰레기장이나 납골당과 같은 시설의 필요성을 인정하면서도 자기가 살고 있는 지역주변에는 안된다고 하는 것을 의미한다.

핌피(please in my front yard)는 도로나 도서관과 같이 혜택이 큰 시설이 자기가 살고 있는 지역주변으로 오기를 바라는 것을 의미한다.

누가, 무엇을, 언제, 어떻게 가지는가?

숲속 동물들이 긴 회의를 거쳐서 화장실을 짓는 데 소요되는 비용을 누가 얼마나 부담할지 정했다고 해 보자. 그리고 그 결과 화장실을 만드는 데 성공했다고 해 보자. 그래도 문제는 여전히 발생한다.

화장실이 완성된 첫날부터 서로 먼저 화장실을 사용하겠다고 싸우고, 또 화장실은 금방 오물로 뒤덮일 수 있다. 화장실이 더러워지면 화장실을 이용하지 않는 동물들이 늘어나고 동물들의 숲은 다시 동물들이 살기 어려운 곳으로 변할 것이다.

그러면 어떻게 해야 할까? 각 동물이 사용하는 시간을 정해 놓는다면 서로 먼저 사용하겠다고 싸우는 일은 없어질 것이다. 아침 일찍 일어나는 참새에게 가장 먼저 사용할 수 있는 시간을 배정하고, 밤늦게 자지 않고 책을 읽는 부엉이에게는 밤늦은 시간을 배정한다. 이렇게 누가, 무엇을, 언제, 어떻게 가지는가를 결정하는 것도 정치다.

공동체 구성원에게 혜택을 주는 공공선에는 일단 만들어 놓고 나면 구성원 누구나 사용해도 그 총량이 줄어들지 않는 것도 있지만, 누군가가 사용하고 나면 다른 이가 사용할 수 있는 가능성이 줄어드는 것도 있다. 또 특정인의 사용을 배제하기 어려운 공공선도 있고, 특정인의 사용을 배제할 수 있는 공공선도 있다.

예를 들어 안보를 생각해 보자. 정부가 튼튼한 국방력으로 국민들의 안보를 지키는 경우 특정 국민만 평화를 누릴 수 있도록 배제하기 어렵다. 이를 소비의 비배제성이라고 한다. 또, 일부 국민이 평화를 누린다고 해서 다른 국민이 누릴 수 있는 평화의 양이 줄어들지도 않는데, 이를 소비의 비경합성이라고 한다. 이와 같이 소비의 비배제성과 비경합성을 가진 재화를 경제학에서는 공공재(public good)라고 한다.

그러나 급식을 예로 들어 보면 상황은 달라진다. 먼저 밥을 푼 학생이 지나치게 많이 가져가면 뒤의 학생은 밥이 모자랄 수 있는데, 이는 소비의 경합성이 있기 때문이다. 또, 밥을 지나치게 많이 가져가 먹지 않고 장난만 치다가 버리는 학생이 있다면 이 학생에게 적정한 급식량을 가져가도록 지도할 수 있는데, 이는 소비의 배제성이 있기 때문이다.

국방, 치안, 깨끗한 공기 등과 같은 공공재는 누구나 사용해도 줄어들지 않기 때문에 어떻게 나눠서 사용할 것인가를 고민하지 않아도 된다. 그러나 철도, 도로 등은 물론이고 각종 복지사업은 서로 그 혜택을 가지고 싶어 한다. 이러한 경우 언제, 누가, 무엇을 가질지를 정해야 하는데, 이러한 혜택을 나누는 과정도 정치다.

공유지의 비극

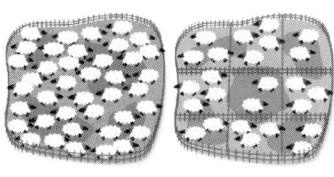

양을 기르는 마을이 있다고 가정해 보자. 마을 사람들은 자신이 소유한 목초지에서는 적정한 수의 양들을 기를 뿐 아니라 목초에 물도 주고 비료도 주어 목초가 적절하게 유지될 수 있도록 한다. 그러나 그 마을이 공동으로 관리하는 땅이 있다면 마을 사람들은

목초를 관리하지는 않으면서 서로 앞 다투어 자신의 양들이 풀을 뜯도록 해 결국 그 땅이 황무지가 될 것이다. 다시 말해 자원을 공유하는 경우 책임은지지 않으면서 자신의 이익만 극대화하려고 해 결과적으로 모두가 파국에 이르게 되는 현상을 공유지의 비극이라고 한다.

1968년 생태학자 가렛 하딘(Garrett Hardin)이 발표한 논문의 제목이 '공유지의 비극'인데, 여기서 하딘은 개인의 이익추구가 공동체 전체의 이익을 파괴해 공멸한다는 주장을 했다.[5]

이에 반해 엘리노 오스트롬(Elinor Ostrom)은 공유지의 비극을 극복한 사례를 담은 책, 『공유지의 비극을 넘어서』라는 책으로 2009년 노벨경제학상을 받았다.

정치와 시장

지금까지 논의한 것을 하나로 묶어보면, 정치는 공공선을 만들어가는 과정으로, 그 과정에서 누가, 무엇을, 언제, 얼마나 가져가고, 또 부담해야 하는지 결정한다. 요약하면 정치는 공공선을 목표로 자원을 분배하는 것이다.

정치에서 무엇이 공공선인지, 또 그 공공선을 이루기 위해 어떻게 자원분배를 해야 할지 의사결정을 하는 주체는 국민의 대표로 구성된 대의기관이다. 중앙정부의 의사결정은 대통령과 국회가, 지방자

---

5) Garrett Hardin, "The Tragedy of Commons," *American Association for the Advancement of Science* 162(3859), 1968, pp.1243-1248.

치단체에서의 의사결정은 자치단체장과 지방의회가 한다. 물론 국민투표나 주민투표, 주민발안, 자치예산 등의 방식으로 국민이 직접 참여하는 경우도 있지만, 대부분 대의기관이 공공선을 정의하고, 그를 위한 자원분배를 결정한다.

정치와 매우 다르면서도 유사한 것이 있다. 바로 시장이다. 시장에 참여하는 수많은 이름 모를 소비자와 공급자는 자신의 이익을 최대화하기 위해 거래를 한다는 면에서 공공선을 추구하는 정치와는 차이가 있다. 그러나 시장은 거래를 통해서 그 자원을 필요로 하는 경제 주체에게 갈 수 있도록 분배한다는 측면에서 정치와 유사하다. 수박을 재배하는 농부를 예로 들면, 수박 한 덩이의 가치가 얼마인지를 결정하는 것은 시장이며, 따라서 농부가 어느 정도의 자원(돈)을 배분받아야 하는지를 결정하는 것도 시장이다. 농부는 다시 시장에서 그 돈으로 자신에게 필요한 물품을 산다.

농부는 돈을 많이 벌기 위해 수박을 재배하지만, 다시 말해 시장에서 더 많은 자원을 분배받기 위해서 수박을 재배하지만, 이것이 농부에게만 좋고 다른 사람에게는 나쁜 것은 아니다. 농부가 재배한 수박으로 우리는 한여름의 더위를 식힐 수 있다는 점을 생각해 보면, 농부의 사익 추구가 결과적으로 공동체의 이익이 되는 것이다. 이런 예는 무궁무진하다. 자동차회사는 사익을 추구하기 위해서 자동차를 만들지만, 우리는 자동차 없는 삶을 생각할 수 없을 정도로 많은 혜택을 받고 있다. 다시 말해 경제주체들은 사익을 추구하기 위해서 농사를 짓고, 원양어업을 하고, 자동차, 세탁기, 냉장고 등을 만들지만, 그 결과 우리의 삶은 더욱 풍요로워지는 것이다.

시장의 실패, 정치의 실패

경제주체들의 사익 추구가 항상 공동체 전체에게 좋은 것만은 아니다. 전기를 만들기 위해 석탄발전을 하는 경우에는 그 발전소 근처의 주민들은 미세먼지의 고통을 당해야 한다. 석탄발전소의 사익 추구가 주변의 주민들에게 해악을 미치는 것이다. 이와 같은 현상을 부정적 외부효과라고 하는데, 시장실패의 대표적인 예다.

시장이 실패하는 또 다른 경우는 부익부 빈익빈의 문제다. 시장에 참여하는 경제주체들이 모두 동일한 양의 정보나 자원을 가지고 있지 않은데, 많은 정보나 자원을 가진 주체가 더 많은 자원을 배분받게 된다는 것이다. 부익부 빈익빈의 사례는 수없이 많은데, 대표적인 사례의 하나는 주식시장이다. 종종 '기관은 수익이 늘고 개인은 쪽박'이라는 기사가 나오는데, 이는 기관투자자들은 정보와 자금이 풍부하기 때문에 그렇지 않은 소액투자자들보다 높은 수익률을 올리는 것이다.

시장의 실패의 또 다른 예는 시장은 공공재를 충분히 공급하지 못한다는 것이다. 공공재는 구성원 모두가 누릴 수 있는 재화와 서비스를 말하는데, 국방, 치안, 기후온난화에 대한 대처, 등대, 가로등 등을 예로 들 수 있다. 이러한 공공재는 많은 사람이 동시에 재화와 서비스를 사용할 수 있으며(비경합성), 그 재화와 서비스에 대해 대가를 지불하지 않더라도 소비를 하지 못하도록 막을 수 없는(비배제성) 특징을 가지고 있다. 이러한 공공재의 생산은 이익을 내기 어렵기 때문에 시장에서는 충분한 공급이 이루어지기 어렵다.

정치는 시장의 실패를 교정할 수 있다. 좋은 정치는 공공재를 공급하고, 부익부 빈익빈과 부정적 외부효과를 교정한다. 그러나 나쁜 정치는 시장의 실패를 더 악화시킬 수 있다. 시장과 유착해 부익부 빈익빈과 외부효과의 문제를 더 심각하게 만들 수 있으며, 공공재도 제대로 공급하지 못할 수 있다. 또 정치는 자원을 효율적으로 배분하지 못하면서 부패만 초래할 수도 있다. 시장의 기능이 최소화되었던 소련과 동유럽의 공산주의 국가들이 자본주의 국가와의 경쟁에서 패해 결국 붕괴되고만 역사적 경험을 통해서도 정치의 실패를 찾아볼 수 있다.

결국 사익을 추구하는 시장은 자원을 효율적으로 분배하는 장점이 있지만, 공공재의 공급에 실패하거나 부정적 외부효과, 부익부 빈익빈의 문제를 노정할 수 있다. 이에 반해 공공선을 추구하는 정치는 공공재를 공급하고, 부정적 외부효과와 부익부 빈익빈의 문제를 교정할 수 있는 장점이 있지만, 정치는 부정부패에 취약할 뿐 아니라 비효율적인 자원분배의 문제점을 드러낼 수 있다. 이 때문에 시장과 정치는 서로의 단점을 교정하는 보완관계이자 서로 자신의 논리로 자원을 배분하겠다고 경쟁하는 관계이기도 하다.

서구를 중심으로 보면, 대공황을 겪고 난 이후부터는 정치가 시장에 적극적으로 개입해 재분배를 하는 것은 물론, 적극적인 경기조절을 해야 한다는 복지국가론과 케인즈주의 경제학이 중심을 이루었다. 그러나 1970년대에 들어 경제침체와 물가상승이 동시에 일어나는 심각한 스태그플레이션이 발생하자 시장에 대한 정치의 과도한 개입을 배격하는 움직임이 일어나는데, 이것이 신자유주의다. 시장에 강조점을 두는 신자유주의는 국가의 경계를 약화시키는 세계화를 동반했는데, 전 세계적으로 맹위를 떨치다가 2008년 금융위기를 만나면서 힘이 빠지고 있다. 신자유주의와 세계화는 세계적인 경쟁력을 가진 부문은 엄청난 부를 창출하도록 했지만, 그렇지 못한 부문은 다른 나라의 경쟁력 있는 기업에 의해 잠식당하게 됨에 따라

극심한 양극화를 초래했다. 이 때문에 극좌와 극우 모두에서 세계화와 신자유주의에서 벗어나고자 하는 움직임이 일어나고 있는데, 그 대표적인 예로 브렉시트와 트럼프 대통령의 미국 우선주의를 들 수 있다.

□ 생각하기 □

1. 홉스와 로크의 자연상태의 차이점을 비교하고, 어느 의견에 더 동의하는지 생각해 보자.

2. 직접민주주의와 대의민주주의의 장단점을 생각해 보자.

3. 님비와 핌피현상을 극복할 수 있는 방안을 생각해 보자.

4. 개인의 이익이 사회 전체의 이익이 되는 경우를 찾아보자.

5. 공유지와 사유지의 장점과 단점을 생각해보자.

6. 공유지의 비극이 나타내는 예를 생각해 보자. 또 그 예에서 공유지의 비극을 극복할 수 있는 방안을 생각해 보자.

7. 학년 말에 후배들에게 교복과 책을 물려주려고 한다고 가정해 보자. 첫째는 정치적 방법을 이용해 전교학생회의에서 자매 반을 의결하고 자매 반끼리 교복과 책을 물려준다고 가정해 보자. 둘째는 선배들과 후배들이 교복과 책을 저렴하게 사고파는 자유시장을 여는 방법을 가정해 보자. 두 방법의 장단점을 생각해 보자.

2

대의민주주의와 주인과 대리인 문제

대의민주주의와 주인과 대리인 문제

고대 아테네의 직접민주주의

원시형태의 민주주의는 세계 곳곳에서 발견된다. 그러나 가장 잘 알려지고 체계화된 곳은 고대 아테네였다. BC 500년경 아테네의 리더 클레스테네스 (Cleisthenes)는 데모크라티아(demokratia)라는 정치체계를 도입했다. 그리스로어로 demo는 민중, 시민, 인민을 뜻하고 kratia는 지배라는 뜻을 가지고 있다. 두 단어를 합친 데모크라티아는 민중에 의한 지배라는 의미다. 당시 아테네는 시민이 참여해 법을 만들고, 법을 집행하며, 또 법을 어긴 자들에 대한 재판도 했다.

고대 아테네의 정치는 다음과 같은 세 가지 기구를 중심으로 이루어졌다.

① 에클레시아(ekklesia): 그리스어로 집회, 회합의 의미를 지니고 있다. 오늘날의 의회처럼 법을 만들고, 외교정책을 관할했다. 1년에 40번 정도 회의가 열렸다고 하는데, 아테네의 시민 중 남자로서 군대에 적어도 2년은 갔다 온 사람들에게 회의에 참여할 권리를 부여했다. 하지만 가난한 시민들은 일을 해야 하기 때문에 에클레시아에 참여하기 어려웠다. 또 단순히 귀찮다는 이유로 참여하지 않는 시민들이 많았기 때문에 황토색 물감이 묻은 긴 밧줄을 들고 나가서 시민들을 몰아서 회의장으로 데리고 왔다. 황토색 물감이 옷에 묻었음에도 회의에 참석하지 않는 시민들에게는 벌금을 부과했다고 한다.[1]

② 불레(boule): 오늘날의 행정부와 유사한 기구로 도시국가를 유지하기 위한 일상적인 일을 했다. 정부에 고용된 일꾼들을 감독하고, 전함과 군대의 말을 관리하고, 에클레시아에 올릴 토론안건을 결정하는 등의 역할을 했다. 불레는 에클레시아에서 추첨으로 정했으며, 총 500명으로 구성되었고, 임기는 1년이었다. 흥미로운 것은 당시 아테네에는 10개의 부족이 있는데, 10개 부족에서 각각 50명을 추첨해 불레가 특정 부족으로 집중되지 않도록 했다.

③ 디카스테리아(dikasteria): 오늘날의 사법부와 유사한 기구다. 다른 점은 오늘날과 같이 판사와 검사가 따로 정해져 있지 않았다는 것이다. 매일 500명의 배심원이 유죄인지 여부를 다수결로 결정했는

---

1) Robin Osborne, *The World of Athens: An Introduction to Classical Athenian Culture*, Cambridge University Press, 2008.

데, 배심원은 30세 이상의 남자 시민들 중에서 추첨으로 정했다. 배심원은 일당을 받았기 때문에 부자가 아니어도 참여할 수 있었다. 그러나 배심원에게 지급되는 일당은 근로자의 평균 소득보다 적었기 때문에 가족의 생계를 책임져야 하는 장년층보다는 노인들이 배심원으로 많이 참여했다. 또, 고대 아테네에는 검찰이 따로 없었기 때문에 디카스테리아에 사건을 기소하는 것도 시민들이 직접 했다. 변호사도 따로 없었기 때문에 시민들이 스스로를 변호해야 했다.

에클레시아, 불레, 디카스테리아로 구성된 고대 아테네의 민주정치는 입법, 행정, 사법이 분립된 오늘날의 3권 분립체제와 상당히 유사하다, 약 2천 5백여 년 전에 이러한 체제를 구상했다는 것은 매우 놀라운 일이고, 인류의 미래를 위해서도 다행한 일이었다.

그러나 아테네의 민주주의는 한계가 있었는데, 여성, 외국인, 노예는 아테네 민주주의에서 배제되었고, 오로지 성인 남자 시민들만이 정치에 참여할 수 있었다. 19세기에 들어서 재산 유무에 관계없이 모든 성인 남자가 선거권을 획득했고, 20세기에 들어서 성인 여자가 선거권을 획득했는데, 이는 성별이나 재산 유무에 상관없이 보통선거권을 획득하는 데 2천 5백년이란 세월이 필요했음을 의미한다. 그러나 다른 한편으로 보면, 인류의 역사는 속도가 충분히 빠른 것은 아니지만 좀 더 평등하게 발전해 왔다.

보통선거권의 확산

인종, 종교, 계층에 관계없이 법이 정한 일정한 나이가 되면 누구나 선거권을 갖는 것을 보통선거권이라고 하는데, 인류가 보통선거권을 획득하는 데는 엄청난 시간과 노력이 필요했다.

남성 보통선거권이 처음 부여된 것은 1792년 프랑스대혁명 이후 세워진 프랑스 1공화국에서였다. 프랑스 1공화국은 25세 이상의 모든 남성에게 투표권을 부여했다.

그러나 정치상황의 변화와 함께 남성에 대한 보통선거권제도는 퇴행을 거듭하다가 1848년 프랑스 2공화국에서 남성 보통선거권이 확립되었다.

프랑스대혁명은 물론 2월혁명에도 여성들이 대거 참여했지만, 프랑스의 여성 보통선거권이 확립된 것은 1944년인데, 이는 여성들이 우파에게 표를 줄 것이라는 좌파 정치인들의 우려와 더불어, 투표가 여성을 해방시켜 가정을 붕괴시킬 것이라는 가톨릭교회의 우려가 있었기 때문이었다고 한다.[2]

프랑스의 뒤를 따라 스위스, 덴마크, 미국, 그리스, 스페인 등 다수의 서구국가가 1800년대 중후반에 남성의 보통선거권을 인정했다. 또 1900년대 중반에 이르면 지구상의 대부분 나라가 남성 보통선거권을 인정한다.

1893년 뉴질랜드가 최초로 여성 보통선거권을 인정했고, 호주는 바

---

[2] Joan S. Moon, *Women's Rights in France, in Encyclopedia of 1848 Revolutions*, 2005. (http://www.ohiou.edu/~chastain/rz/womrgt.htm).

1918년. 투표권을 요구하는 미국 여성들.

로 다음해에 여성 보통선거권을 인정했다. 그러나 그 밖의 나라들은 1900년대에 들어서고 나서야 여성 보통선거권을 인정했다. 한편, 스위스는 1844년 남성 보통선거권을 인정했지만, 여성 보통선거권은 1971년이 되어서야 인정했다.

대의민주주의의 원칙

고대 아테네의 정치는 시민이 직접 의회인 에클레시아에 참여했고, 시민들 중에서 추첨으로 뽑아서 사법부인 디카스테리아, 행정부인 불레를 운영했다. 그러나 근대국가는 영토도 국민도 도시국가인 아테네와는 비교할 수 없을 정도로 확대되었다. 뿐만 아니라 참정권을 지닌 인구도 폭발적으로 늘어났다. 선거권은 재산이 있는 남성에게만 허용되다가 재산이 없는 남성에게도 주어졌고, 남성 보통선거권에서 남성과 여성 모두의 보통선거권으로 확대되어 왔다. 그리고 선거권의 연령이 점점 낮아짐에 따라 정치에 참여할 수 있는 인구는 엄청나게 증가했다. 이 때문에 근대민주주의는 국민의 대표를 뽑아서 그들로 하여금 국민을 대신해 국가의 의사결정을 하도록 하는 대의민주주의를 기본으로 하고 있다. 오늘날 대의민주주의는 인류의 오랜 인권과 민주주의를 위한 투쟁의 결과이며, 다음과 같은 4가지 원칙을 기반으로 하고 있다.

① **인권을 존중하고 보호해야 한다.**
재산의 많고 적음, 나이가 많고 적음, 직업 등에 관계없이 모든 인간은 평등하다. 인간은 모두 평등하기 때문에 다른 사람을 차별해서는 안 되며, 모두에게 동일한 기회가 보장되어야 한다. 고대나 중세 시대가 신분제 사회였다는 점을 생각해 보면, 모든 인간이 평등함을 보장하는 것은 근대가 과거와 다른 가장 큰 차이점이자 성취라고 할 수 있다. 인류의 기나긴 투쟁을 통해 이루어낸 또 하나의 성취는 남들과 다른 생각을 할 자유, 종교를 가질 수 있는 자유, 자신의 의견을 말하고, 정보를 수집할 수 있는 자유, 단체를 만들고, 단체에 참여하는 등의 자유를 가진다는 점이다. 이러한 자유와 평등이 보장되어야 대의민주주의는 제대로 작동할 수 있다.

② **공정하고 자유로운 선거로 정부를 선택해야 한다.**
대의민주주의는 국민의 선택으로 정부가 구성되고, 그 정부가 정책을 결정하고 집행하는 정치체계다. 때문에 국민의 대표를 뽑는 선거는 공정하고 자유로워야 한다. 공정한 선거가 보장되기 위해서는 모든 유권자들에게 자유롭게 한 표를 행사할 수 있는 기회가 주어져야 하며, 후보들의 자유로운 선거운동이 보장되어야 한다. 또, 각 정당이 얻은 표에 비례해서 의석배분이 이루어져야 한다.

비밀투표와 공개투표

1856년 호주에서 처음으로 비밀투표가 도입되기 이전에는 공개투표로 국민의 대표자를 선출했다. 찬성하는 유권자는 흰색용지를, 반대하는 유권자는 검은색용지를 투표하는 흑백투표 방식을 많이 사용했는데, 이러한 공개투표는 누가 누구에게, 혹은 누가 어떤 안에 찬성하는지가 사실상 공개된다.

이렇게 공개투표를 하는 경우 자신이 소속되어 있는 집단과 다른 투표를 하기 쉽지 않을 뿐 아니라, 자신이 소속되어 있는 집단과 다른 선택을 했을 때 집단 내에서 따돌림을 당하거나 집단린치를 당하는 일도 비일비재했다. 또, 금품을 제공하거나 선거에서 이긴 후 일자리를 만들어주겠다는 약속으로 표를 사는 일도 빈번했다. 그러나 비밀투표가 도입된 이후에는 집단압력으로 표심을 바꾸거나 돈으로 표를 사고자 하는 정치부패를 획기적으로 줄일 수 있었다.

민주주의 국가의 선거에서 비밀투표를 하는 것과 달리, 의회 내에서  의원들이 하는 투표는 공개투표(기록투표라고 부름)를 많이 사용하고 있다. 공개투표를 하면 시민은 자신들이 뽑은 의원이 어떻게 의정활동을 하고 있는지 판단하기 용이하고, 시민들의 뜻과 달리 의정활동을 하는 의원들에 대해서 다음 선거에서 책임을 물을 수 있기 때문이다.

③ 시민의 참여가 보장되고, 시민은 적극적으로 참여해야 한다.

아무리 자유롭고 공정한 선거가 보장되어도 다수의 유권자가 참여하지 않는다면 선거 결과는 소수의 뜻에 따라 좌우된다. 다시 말해 다수의 유권자가 선거에 참여하지 않는다면, 선거 결과 구성되는 정부는 소수를 위한 정부가 될 것이다. 따라서 유권자가 적극적으로 참여해야 국민 다수를 위한 정부를 만들 수 있다.

시민이 정치에 참여하는 방법은 선거 이외에도 다양한 방법이 있다. 국민투표, 주민소환, 주민발안과 같은 방법도 있고, 정치자금을 기부하거나 정당활동에 참여하는 방법도 있다. 또, 단순히 정치인이나 정당, 정책에 대해 정보를 수집하거나 의견을 표현하는 것도 모두 정치활동이라고 할 수 있는데, 이러한 정치활동의 자유가 보장되어야 할 뿐 아니라 적극적으로 참여해야 대의민주주의는 성공할 수 있다.

④ 사람에 의한 지배가 아니라 법에 의한 지배여야 한다.

태양왕이라고 불린 절대군주 루이 14세는 '짐이 곧 국가다'고 말한 바 있다.

이는 비단 루이 14세뿐만 아니라 왕정에서는 왕의 결정이 곧 법이고, 백성은 이를 지켜야 했다. 그러나 민주주의는 사람이 사람을 지배하는 정치가 아니라 법이 사람을 지배하는 정치다. 시민의 대표가 법을 만들고, 그렇게 만들어진 법은 재산의 유무, 권력의 유무에 상관없이 모두에게 평등하게 적용되어야 한다. 이렇게 법에 의해 지배되기 때문에 누구나 자신의 행위가 불법인지 합법인지를 예측하면서 행위를 할 수 있을 뿐 아니라, 사회 전체적으로는 질서가 유지된다. 또 법치는 정부가 시민의 기본권을 침해하는 것을 방지한다.

대의민주주의 한계와 극복방안

대의민주주의는 주권자인 국민이 자신의 대표를 선출해서 그들로 하여금 정책을 만들고 집행하도록 고안된 정치제제다. 다시 말해 국민이 주인이면 선출된 대표는 국민의 대리인이라고 할 수 있다. 문제는 국민이 선출한 대표가 주인인 국민의 이익을 위해 정책을 만들고 집행하는 것이 아니라 자신의 이익을 위해 일을 하는 경우라고 할 수 있는데, 이러한 문제점을 주인과 대리인의 문제(principal agent problem)라고 한다.

주인과 대리인 문제는 대의민주주의에서뿐만 아니라 우리 생활 곳곳에서 나타날 수 있다. 예를 들어, 자동차가 고장이 나서 카센터에 맡기는 경우, 자동차의 주인은 차에 대해서 많은 정보를 가지고 있지 않기 때문에 적정한 금액을 청구하는지, 아니면 최선을 다해 수리를 하는지 알 수 없는 경우가 많다. 이를 이용해 아주 극소수의 카센터에서는 고장부위를 부풀려 과도한 금액을 청구하기도 하는데, 이 역시 주인과 대리인의 문제라고 할 수 있다. 이렇게 주인과 대리인의 문제가 발생하는 이유는 주인보다 정보를 많이 가진 대리인이 주인은 모를 것이라는 생각으로 주인을 속이기 때문이다.

대의민주주의에서 나타나는 주인과 대리인 문제를 해결하기 위해서

크게 두 가지 방법을 사용한다. 첫째는 대리인들이 서로 견제하도록 하는 방법이고, 둘째는 직접민주주의의 요소를 도입해 주인이 직접 정책을 결정하고 주인을 속이는 대리인을 해임하는 방법이다.

1. 권력의 분립

국민이 대리인에게 권력을 위임할 때 모든 권력을 한꺼번에 위임하면 대리인의 권력이 커져서 주인인 국민의 이익을 무시할 가능성이 커진다. 이 때문에 권력을 한꺼번에 위임하는 것이 아니라 나누어서 위임해 최대한 주인인 국민의 의사가 정치에 반영되도록 한다.

권력을 나누는 방법은 크게 두 가지가 있다. 첫째는 기능별로 권력을 분리시켜서 서로 견제와 균형을 이루도록 해 주인인 국민의 이익이 최대한 침해되지 않고 국정에 반영되도록 하는 것이고, 둘째는 중앙정부, 지방정부와 같이 지역별로 권력을 분리시켜서 주인인 국민의 이익이 최대한 반영되도록 하는 것이다.

1) 기능별 권력분립

국민의 대표로 구성된 정부가 하는 기능은 법을 만드는 입법, 만들어진 법을 집행하는 행정, 법의 위반 여부를 판단하는 사법으로 나눌 수 있다. 입법, 행정, 사법의 권한을 모두 분리시킨 것을 삼권분립이라고 하며, 삼권분립의 정부형태를 대통령제라고 한다. 반면, 입법과 행정을 하나로 묶고 사법을 분립시키는 이권분립의 정부형태를 의원내각제(혹은 의회제)라고 한다.

① 대통령제(presidential system)

국민의 대표는 선거를 통해서 선출되는데, 대통령제의 경우에는 입법과 행정이 분리되어 있기 때문에 대통령을 선출하기 위한 선거와 입법부의 구성원을 선출하기 위한 선거, 이렇게 두 번의 선거를 치른다. 두 번의 선거를 통해 국민을 대표할 수 있는 정당성을 부여하기 때문에 대통령과 입법부는 각각 절반씩의 정당성을 가지고 서로 견제와 균형을 이루는 관계다. 오랜 권위주의를 겪은 국가에서는 대통령제가 마치 대통령이 중심이 되는 체제로 오해되는 경향이 있지만, 대통령제의 원래 모습은 대통령과 의회가 국민을 대표할 권한을 반반 나눠서 서로 견제하도록 하는 체제다.

② 의원내각제(parliamentary system)

의원내각제는 의회선거 한 번을 통해서 국민을 대신할 수 있는 정당성을 부여한다. 내각은 의회에서 구성하는데, 단독 다수당이 없는 경우에는 다수당 연합이 내각을 구성한다. 이렇게 의회의 다수당 혹은 다수당연합이 내각을 구성하기 때문에 내각이 제출하는 법안이 의회를 통과하지 못하는 경우는 매우 적다. 이 때문에 대통령제가 권력이 분산되어 있는 정부형태라고 한다면, 의회제는 권력이 융합되어 있는 형태라고 할 수 있다.

물론 같은 의회제라고 해도 단독으로 원내 과반의석을 가진 정당이 구성한 내각이 다수당연합의 연합내각보다는 더 안정적일 가능성이 큰 것은 사실이다. 단독으로 내각을 구성하는 영국은 내각의 수명이 평균 5년 이상이지만, 다수당이 연합해 내각을 구성하는 이탈리아는 내각의 수명이 1년에 채 못 미친다. 결국 같은 의원내각제에서도 정당의 체계에 따라 의원내각제의 운영모습이 달라지는 것을 볼 수 있다.

③ 한국의 대통령제

한국은 오랫동안 대통령제와 결부된 권위주의체제를 경험하였기 때문에 대통령제는 권력이 집중된 체제라고 오해하는 경향이 있다. 일부에서는 '대통령제'를 '대통령중심제'라고 칭하기도 하는데, 이는 대통령이 국정의 중심이어야 한다는 권위주의의 잔재다.

한국 대통령이 강력한 영향력을 행사하고, 권력이 대통령으로 집중되는 데는 두 가지 요인이 작동하고 있다. 첫째는 제도적인 요인인데, 한국 대통령은 행정권은 물론이고, 입법권으로는 거부권과 더불어 법안제출권도 가지고 있다. 또, 예산안도 행정부에서 제출하도록 하고 있을 뿐 아니라 예산안의 90% 정도가 사실상 그대로 국회를 통과하고 있다. 인사권 역시 거의 전적으로 대통령 몫이다. 총리와 헌법재판소 재판관 일부, 그리고 대법원 대법관을 제외한 대부분의 인사는 대통령이 사실상 임명한다. 장관 인사 등에 대해서는 인사청문회를 거치도록 규정하고 있지만, 청문회 결과와 상관없이 인사를 해도 막을 수 있는 방법이 없기 때문에 국회가 적격으로 인정하지 않은 후보의 약 90%가 그대로 임명되었다. 결국 한국 대통령제는 견제와 균형을 목표로 하는 대통령제의 원칙과 달리, 권위주의 잔재로 인해 아직도 너무 많은 권한이 대통령에게 집중되어 있는 것이다.

대통령을 막강하게 만드는 또 다른 요인은 정당의 비민주성이다. 대통령은 소속정당의 공천에 영향을 주기 때문에 대통령 소속정당의 의원들은 대통령을 견제하는 국회의원으로서의 역할은 접어두고 대통령의 정책을 국회에서 통과시키기 위한 병정이 되어버린다. 이 때문에 국회는 행정부를 대신한 여당과 야당 간의 무한대결의 장이 되곤 한다.

대통령에게 권력이 집중되어 있기 때문에 임기 초 한국의 대통령은 민주주의 국가에서는 보기 드물게 강한 권력을 행사하는 것이 사실이다. 그러나 집중된 권력은 부패하는 것이 필연이듯이 한국 대통령은 임기 중반 이후에는 측근들의 부패로 몸살을 앓는다. 측근들의 부패는 다시 대통령을 레임덕으로 몰아넣는다. 이러한 악순환을 막기 위해서도 한국 대통령제는 견제와 균형의 원칙이 작동할 수 있도록 대통령의 권한을 분산할 필요가 있다.

2) 지역별 권력분산

주인과 대리인의 문제를 해결하기 위한 또 하나의 방법은 지역별 권력 분산이다. 중앙정부와 지방정부로 권력을 분산해 권력의 남용을 막기 위한 것인데, 중앙정부와 지방정부에게 각각 어느 정도 권력을 나누어주는 가에 따라서 다음과 같은 세 가지 유형이 있다.

① 단방제(unitary system)

중앙정부가 법을 만들 권한, 조세를 정할 권한 등 대부분의 권한을 갖는 체제다. 단방제 국가도 지방자치를 실시하는 경우가 있는데, 이 경우에는 중앙정부가 지방자치단체를 만들고, 중앙정부가 지방자치단체가 해야 할 일을 정한다. 다시 말해 단방제 국가에서는 지방자치 단체가 스스로 법을 만들거나 세금을 올리거나 내릴 수 없는데, 단방제를 하는 대표적인 국가로는 한국을 비롯해 영국, 일본, 이탈리아 등을 들 수 있다.

② 연방제(federal system)

중앙정부와 지방정부의 권한이 엇비슷한 경우를 말한다. 일반적으로 중앙정부와 지방정부가 모두 헌법이 정한 범위 내에서 법률을 만들거나 조세를 결정하고 징수할 수 있는 권한을 갖는다. 예를 들어, 미국의 경우 소득세는 중앙정부가 정하는 세금이기 때문에 미국 어느 주를 가거나 동일 소득구간의 소득세율은 동일하다. 그러나 소비세는 주정부가 결정하는 세금이기 때문에 주마다 소비세율이 다르고, 결과적으로 동일한 물건도 주마다 지불하는 가격이 달라진다. 연방제를 하는 대표적인 국가로는 미국, 캐나다, 독일을 들 수 있다.

③ 연합제(confederal system)

공동의 방위나 외교와 같이 특정한 목적을 달성하기 위해 주권 국가들이 모여서 자신들의 권한의 일부를 연합정부에 이양한 형태이다. 일반적으로 연합정부는 구성국 국민을 직접 지배할 수 없기 때문에 연합정부가 직접 조세를 부과하거나 징수할 수 없다. 또, 연합정부가 결정한 정책은 주권국가를 통해서 이행이 이루어진다. 유럽연합을 연합제의 대표로 들 수 있는데, 구성국 간의 상호이해와 통합의 수준이 높아질수록 연합정부가 가지는 권한은 커진다.

> 유럽연합은 공동의 석탄과 철강정책으로부터 출발한 공동경제정책을 목표로 하는 연합이었으나 1993년 마스트리트 조약에 의해 유럽시민권이 도입됨으로써 연방의 성격을 일부 가지기 시작한 것으로 평가받았다. 그러나 2016년 영국이 국민투표로 EU 탈퇴(Brexit)를 결정함에 따라 EU의 미래에 대한 새로운 고민을 하게 되었다.

2. 국민의 참여

아무리 꼼꼼하게 대리인들이 상호 견제하도록 시스템을 만들어도 대리인이 주인의 이익이 아니라 자신들의 이익을 추구하는 것을 막지 못하는 경우가 생길 수 있는데, 이를 막기 위한 장치가 국민들이 직접 참여해 정책을 만들거나 선출직 공직자를 해임하는 것이다.

① 소 환

　주인인 국민의 뜻을 대변하지 않는 선출직 공직자를 국민이 해임하는 절차다. 일반적으로 법으로 정한 일정한 수 이상의 서명을 받아서 소환 투표를 청구하도록 하고 있다. 소환은 문제가 있는 선출직 공직자를 국민이 직접 해임을 한 이후, 공직선거를 다시 하도록 하는 경우가 대부분이다. 그러나 미국 주정부에는 소환 청구가 이루어지면, 소환 대상인 현 주지사와 주지사 후보군에 대해 동시 투표를 하도록 하는 경우도 있다. 이 경우 소환 대상이 된 현직이 가장 많은 득표를 하면 소환은 실패하는 것이고, 현직이 가장 많은 표를 득표하는 데 실패하면 소환이 이루어지는 것이다. 동시에 가장 많은 표를 얻은 후보가 차기 주지사가 된다.

　한국은 중앙정부의 선출직에 대한 국민소환제도는 도입되어 있지 않지만, 지방 선출직 공직자에 대해서는 주민소환제도가 도입되어 있다. 그동안 몇 차례 단체장에 대한 소환 청구는 있었지만 아직 한 번도 소환에 성공한 경우는 없다.

② 발 안

　국민이 직접 법률안이나 조례 등의 제정, 개정, 폐지를 제안하는 제도를 말한다. 발안은 법이 정한 일정 수 이상 유권자의 서명으로 제안이 이루어지는데, 제안된 안이 처리되는 방법은 크게 두 가지가 있다. 국민투표를 통해서 제안된 안을 처리하는 제도와 제안된 안을 반드시 의회가 심의하도록 하는 제도가 있다.

한국은 중앙정부에서는 발안제도를 채택하고 있지 않다. 그러나 조례의 제정, 개정, 폐지를 단체장에게 청구할 수 있도록 하고 있는데, 이 역시 주민발안의 일종으로 볼 수 있다.

③ 국민투표

주요 정책을 유권자가 직접 투표로 결정하는 것이다. 국민투표를 하기 위한 정책의 제안을 국민이 직접 할 수 있도록 하고 있는 국가도 있고, 의회나 대통령이 제안할 수 있도록 하는 국가도 있다. 국민투표의 내용은 특정 정책 등에 대해서 찬/반을 묻는 경우도 있고, 여러 가지 안 중에서 선택하도록 하는 국가도 있다. 또한, 국민투표는 개헌을 위한 국민투표처럼 법으로 정해진 수 이상의 유권자가 투표하고 또 법으로 정해진 수 이상의 찬성이 있을 때 효력을 발휘하는 것으로 정해 놓은 국가도 있고, 법정 표결정족수 없이 단순다수제로 더 많은 표를 얻은 쪽이 효력을 발휘하도록 하는 국가도 있다.

한국의 국민투표는 개헌에 대한 국민투표와 정책에 대한 국민투표가 있다. 정책에 대한 국민투표는 대통령만이 제안할 수 있고 국민이 직접 제안할 수는 없다. 또, 국민투표의 대상이 되는 정책 영역도 외교, 국방, 통일 기타 국가안위에 대한 정책사안으로 제한하고 있다. 이 때문에 행정수도 이전과 같이 정치권만으로 결정하기 어려운 문제에 대해서도 국민의 의견을 물을 수 없는 한계가 있다.

④ 한국의 직접민주주의

앞에서 살펴본 것처럼 한국은 지방자치단체 차원에서는 주민발안, 주민소환, 주민투표제도가 모두 도입되어 있지만, 중앙정부 차원에서는 국민투표제도만 제한적으로 도입되어 있어서 국민이 직접 정치에 참여할 수 있는 공간이 매우 제한적이다. 이 때문에 중앙정치에 있어서 대리인의 문제가 심각해도 달해도 한국 국민들은 냉소하거나 분노하거나 시위하는 방법밖에 없었다. 한국 국민들이 거리로 나서면 6월 항쟁이나 촛불시위와 같이 정치의 역사가 바뀌어왔던 것은 사실이지만, 이와 같이 위기를 극대화하는 시스템은 비효율적이다. 평상시에도 국민이 직접 참여해 대리인의 문제를 해결할 수 있도록 직접민주주의의 제도적 공간을 여는 것이 바람직하다.

□ 생각하기 □

1. 고대 아테네의 디카스테리아와 오늘날의 법정을 모의로 진행해 보고 각각의 장단점을 생각해 보자.

2. 고대 아테네에서는 불레를 구성할 때, 그리고 디카스테리아의 배심원을 뽑을 때 등 추첨제가 널리 사용되었다. 그러나 오늘날에는 선거를 통해 의원이나 행정부의 장, 혹은 검사를 선출하고 있다. 추첨과 선거의 장단점을 비교해 보자.

3. 앞에서 제시한 대의민주주의 4가지 원칙을 중심으로 한국 민주주의를 평가해 보자.

4. 학생회장을 선출할 때 비밀투표와 공개투표 중 어떤 것이 바람직하다고 생각하는가? 또, 그 이유는 무엇인가?

5. 우리 주변에서 주인과 대리인의 문제가 발생하는 사례를 찾아보자. 그리고 주인과 대리인 문제를 극복할 수 있는 방안을 생각보자.

6. 브렉시트의 사례를 통해 국민투표가 지닌 장점과 단점에 대해 생각해 보자.

3
정치이념

정치이념

정치이념의 기능

'나는 중도다' 혹은 'OOO 정치인은 진보다' 'OOO 정치인은 보수다'와 같은 말이 정치대화 속에서 흔히 사용되는데, 이때 말하는 진보, 중도, 보수는 정치에 대한 신념이나 가치체계, 즉 정치이념을 표현하는 용어다. 물론 '보수' '중도' '진보'와 같은 세 단어로 모든 사람들의 정치이념을 표현하기 어렵기 때문에 '중도보수' '극우' '중도진보' '극좌'와 같이 세분화시켜서 정치이념을 표현하기도 하고, 정책영역에 따라 '경제적 보수' '사회적 진보'와 같이 나누기도 한다. 그럼에도 정치이념이라는 안경을 통해서 정치인이나 정당을 평가하는 것은 정치이념이 다음과 같은 4가지의 기능을 하기 때문이다.

① 정향 기능

내가 정치에 대해 어떤 신념을 가지고 있는가, 혹은 어떤 정치인이 어떤 정책적 입장을 가지고 있는가를 한 마디로 나타내는 것이 정치이념이다. 지나치게 단순화하는 위험이 없는 것은 아니지만, '보수다' 혹은 '진보다'라는 단 한마디의 말이 정당이나 정치인이 각종 정책에 대해서 어떤 입장을 취할지 쉽게 예상할 수 있도록 해 준다.

② 설명 기능

왜 어떠한 정치현상이 발생하는지에 대해 정치이념은 나름의 설명을 제공한다. 예를 들어, 왜 경제가 정체하고 있는가에 대해 질문한다면, 보수주의자들은 무능력한 관료들이 수많은 규제를 만들어 냈기 때문에 한국경제가 활력을 잃었다고 설명하거나, 혹은 과격한 노조가 기업의 발목을 잡았기 때문에 한국경제가 성장을 하지 못한다고 설명할 것이다. 이에 반해 진보주의자들은 대기업의 횡포로 중소기업과 노동자가 어려움을 겪고, 이는 다시 소비의 위축으로 이어져서 경제가 활력을 잃게 되었다고 설명할 것이다. 이렇게 이념은 사회의 다양한 현상에 대한 설명을 제공한다.

③ 평가적 기능

무상급식이 필요한가? 기본소득제가 필요한가? 영화에 대한 검열은 필요한가? 등 우리는 살아가면서 수많은 정치적 질문에 직면하게 되는데, 이때 무엇이 옳고 그른지에 대한 평가의 기준을 제공하는 것이 이념이다.

기본소득제를 예로 들면 진보주의자들은 부익부 빈익빈이 심각한 상황에서 전 국민에게 최소한의 소득을 보장해야 모든 국민의 최소한의 인간적인 삶을 보장할 수 있을 뿐 아니라 결국은 경제성장에도 도움이 된다고 판단한다. 이에 반해, 보수주의자들은 기본소득제는 막대한 예산이 필요하고, 재정적자를 일으키며, 재정적자는 민간이 투자할 자본을 줄이는 결과를 초래할 뿐 아니라 미래세대에게 부채를 남기는 효과를 낳으므로 바람직하지 않다고 판단한다.

④ 처방적인 기능

이념은 사회가 직면한 문제를 해결하기 위해서 무엇을 어떻게 해야 하는지 실천프로그램을 제공하는 기능을 가지고 있다. 예를 들어, 한국경제가 도약하기 위해서는 어떻게 해야 하는가라는 질문에 대해서 보수주의자들은 기업의 발목을 잡는 규제를 철폐하는 것이 성장을 위한 처방이라고 한다. 이에 반해 진보주의자들은 정부가 시장의 폭군인 대기업을 규제하는 것이 성장을 위한 처방이라고 한다.

이렇게 정치이념은 정치인과 정당, 그리고 우리의 신념이 무엇인지를 나타내줄 뿐 아니라 특정 정치현상에 대한 설명과 평가를 제공하고, 그 공동체가 직면하고 있는 문제를 해결하기 위해서는 어떤 실천프로그램이 필요한지 처방을 해주는 역할을 하기도 한다. 물론 모든 사람이 강한 정치이념을 가지고 있는 것은 아니고, 때에 따라서 또는 이슈에 따라서 진보와 보수를 넘나들기도 한다.

정치이념의 종류

〈그림 3-1〉 이념 스펙트럼

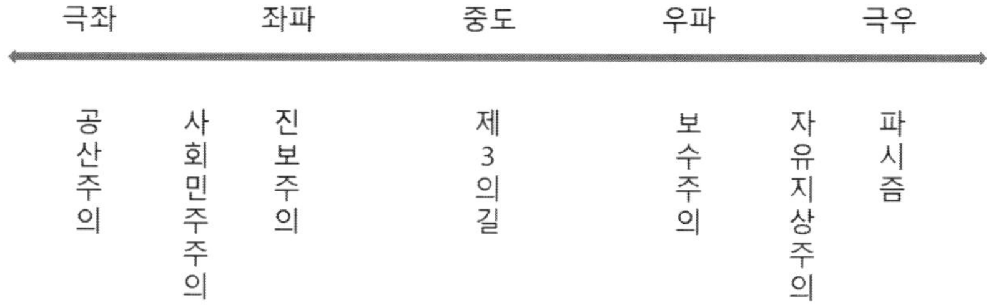

극좌	좌파		중도	우파		극우
공산주의	사회민주주의	진보주의	제3의 길	보수주의	자유지상주의	파시즘

　흔히 정치이념은 위 그림과 같이 좌와 우로 구분된다. 좌파와 우파라는 말이 생기게 된 계기는 프랑스혁명 이후 첫 소집된 국민의회에서 구체제에 찬성하는 의원들은 오른쪽 열에, 구체제에 반대하는 의원들은 왼쪽 열에 앉은 것에서 기인한다. 그러나 오늘날은 사회가 복잡다단해진 만큼 하나의 선상에 이념을 줄 세우기 어려울 정도로 이념도 분화되고 다양해지는 추세다. 그럼에도 대략적으로 도식화한다면, 위의 그림처럼 나타낼 수 있다.

　이념의 스펙트럼에서 좌로 갈수록 평등의 가치를 중시하는 것에 반해서, 우로 갈수록 자유의 가치를 중시한다. 또, 우로 갈수록 시장의 자유를 존중하고 정부의 개입을 최소화하는 것을 옹호하는 것에 반해, 좌로 갈수록 정부의 시장에 대한 적극적인 개입을 원한다. 한편 시장의 자유를 전혀 인정하지 않는 극단적인 좌파이념이 공산주의라면, 개인과 개인의 생각보다는 집단과 집단 정체성을 우선시하는 파시즘은 우파의 극단적인 이념이다. 공산주의와 파시즘은 비민주적인 이념이라는 공통점을 지니고 있다. 한편, 최근에는 좌와 우의 이념을 융합한 제3의 길을 추구하기도 하는데, 이는 중도성향에 가까운 것으로 볼 수 있다.

1) 보 수

진보와 보수의 가장 큰 차이점은 바람직한 사회가 되는 데 있어서 가장 큰 장애물은 무엇이라고 보는가에 있다. 보수는 시장을 신뢰하는 반면, 정부의 실패를 장애물로 보고 있다. 보수에 따르면 시장은 보이지 않는 손에 의해 자원을 효율적으로 배분하는 것에 반해, 정부는 무능하고 비효율적이며, 부패할 가능성이 높다고 한다.

따라서 무능하고 비효율적인 정부가 과도한 규제를 한다면 자원의 배분은 왜곡되고 경제도 활력을 잃게 된다고 주장한다. 또, 무능하고 비효율적인 정부가 성실하게 일한 시민들로부터 세금을 과도하게 걷어간다면, 시민들은 노동의 의욕을 상실하게 된다고 주장한다. 나아가 과도한 정부의 지출은 미래세대에게 빚을 떠넘기게 될 뿐 아니라 정부 부채는 민간이 투자할 자금을 위축시키는 결과를 낳는다고 주장한다.

따라서 보수는 작은 정부가 바람직한 사회를 위한 답이라고 생각한다. 세금을 낮추어서 성실히 일한 사람들이 자신의 노동 대가를 충분히 가질 수 있도록 하고, 규제를 줄여서 투자 의욕을 고취시켜야 한다고 한다. 또 세금이 낮아지면 기업은 더 투자하게 되고, 이는 다시 일자리를 만들어 가계의 소득은 증가한다는 낙수효과를 주장한다.

보수는 일반적으로 작은 정부를 주장하고 있지만, 안보문제에 있어서는 강한 안보를 주장하고, 국방예산은 확대하고자 하는 경향이 있다. 국가의 가장 중요한 책무를 국민의 안전을 지키는 것이라고 생각하기 때문이다. 또, 보수는 개인의 삶의 방식과 사회적 문제에 있어서 전통을 중시하고 법과 질서를 강조한다. 법과 질서의 강조는 범죄에 대한 엄격한 처벌을 요구하게 된다.

		보수	진보
경제/ 복지	장애물	정부의 실패 (무능, 비효율, 부패, 관료주의)	시장의 실패 (부익부 빈익빈, 공공재의 부재, 외부효과)
	처방	작은 정부 (소극적 재분배, 규제완환, 민영화)	큰 정부 (적극적 재분배, 규제강화, 공영화)
	기대효과	낙수효과	분수효과
사회		전통, 법, 질서를 강조	다양성, 포용성을 강조
안보		안보	평화

2) 진 보

진보는 시장의 실패를 문제의 근원으로 보고 있으며, 정부의 개입을 통해 이를 시정하고자 한다. 아담 스미스는 경제주체가 시장에서 사익을 추구하면 보이지 않는 손에 의해서 질서가 생기고 부와 번영이 이루어진다고 하지만, 현실은 그렇지 않다는 것이다. 힘이 센 아이가 힘이 약한 아이의 과자를 뺏는 것처럼 시장에서도 마찬가지의 상황이 벌어진다는 것이다. 부자는 더 부자 되고 가난한 자는 더 가난해지는 부익부 빈익빈의 문제가 심각하다고 한다. 뿐만 아니라 사익을 추구하는 시장에서는 공동체를 유지하는 데 꼭 필요한 깨끗한 물, 깨끗한 공기와 같은 공공재가 생산되지 않는다고 한다.

진보는 이러한 시장의 실패를 극복하기 위해서는 정부의 개입이 필요하다고 주장한다. 정부가 개입해 시장에서의 공정경쟁을 확보하고, 부익부 빈익빈의 문제를 해결해야 한다고 주장한다. 이를 위해 정부가 불공정 경쟁이 일어나지 않도록 시장을 규제해야 하며, 부자로부터 세금을 더 걷어 가난한 사람에게 다양한 지원을 하는 재분배 정책을 실시해야 한다고 한다. 또, 공동체를 유지하는 데 필요한 공공재는 정부가 나서서 제공해야 한다고 한다.

진보는 시장의 실패를 해결하기 위해서 큰 정부가 필요하다고 주장하지만, 안보 문제에 대해서는 다른 입장을 가지고 있다. 국방비의 과도한 지출을 줄이고 외교를 통해 평화를 만들어가야 한다고 주장한다. 과도한 국방비의 지출은 복지정책에 필요한 자원을 줄이는 결과를 낳을 뿐 아니라, 우리가 국방비를 증가시키면 다른 나라도 국방비를 증강시키기 때문에 결과적으로 더 안전한 세상이 되는 것이 아니라 반대로 더 위험한 세상이 될 수 있다고 한다.

또한 진보는 개인의 삶이 전통이나 사회적 규범에 얽매이는 것에 대해서 반대한다. 각자의 방식대로 살 권리를 주장하는 만큼, 다른 사람의 삶의 방식에 대해서도 개입하지 말아야 한다고 주장한다. 다시 말해 진보는 삶의 방식, 문화적 이슈에 대해서는 다양성과 포용성을 중요한 가치로 생각한다.

아담 스미스(Adam Smith 1723-1790)

영국의 철학자이자 정치경제학자로 자유시장경제이론의 선구자로 평가받고 있다. 1776년에 저술한 『국부론』에서 아담 스미스는 분업이 국가의 번영을 가져올 것이라고 주장한다. 또 개인이 자신의 이익을 위해 경쟁하지만 시장의 보이지 않는 손에 의해 국가 전체의 부와 번영을 이루게 된다고 주장한다.[1]

아담 스미스는 우리가 저녁을 기대할 수 있는 것은 푸줏간 주인이나 양조업자 혹은 빵집 주인의 자비심 때문이 아니라 그들이 자신의 이익을 중요하게 생각하기 때문이라고 하는데, 이는 푸줏간 주인이나 양조업자 등이 자신의 이익을 위해 일하지만 시장의 보이지 않는 손에 의해 국가 전체의 이익이 된다는 것이다. 또, 푸줏간, 양조업, 제과업 등과 같이 분업을 하고, 시장에서 교환을 하는 것이 스스로 모든 것을 생산하는 것보다 국가의 부와 번영을 가져온다고 주장한다.

3) 자유지상주의

자유지상주의는 국가 등 집단의 권위를 부정하고 시민의 자유와 개인의 판단을 극단적으로 강조하는 정치이념이다. 자유지상주의는 국가는 국방이나 치안과 같은 최소한의 역할만 하고 나머지는 시민

---

[1] 아담 스미스, 『국부론1』과 『국부론2』, 유인호 옮김, 동서문화사, 2017.

의 자유와 개인적 판단에 맡겨 놓아야 한다고 주장한다. 자유지상주의는 최소한의 국가를 주장하기 때문에 세금도 규제도 모두 최소화되어야 한다고 주장한다.

4) 사회민주주의

사회민주주의는 사회적, 경제적 평등을 가장 중요한 가치로 생각한다. 특정 집단이나 개인이 특권을 누리는 것을 반대하며, 경제적 부가 특정 개인이나 집단에 집중되는 것을 반대한다. 다만, 사회적 평등을 이루는 과정이 폭력적이어서는 안 되고 민주적인 방식이어야 한다고 주장하는 점에서 공산주의와 차별성이 있다.

다시 말해 불평등은 자본주의와 사유재산제도로부터 초래되지만, 자본주의와 사유재산제도의 완전한 부정은 민주주의를 부정하는 결과를 초래하기 때문에 자본주의와 사유재산제도 자체는 인정한다. 다만 특정 개인이나 집단이 국가경제를 틀어쥐는 것을 막기 위해서 국가 주요산업은 국유화해야 한다고 주장한다. 또, 자유재산제도에서 초래되는 불평등을 최소화하기 위해서 정부가 적극적인 재분배 정책을 펼쳐야 한다고 주장한다.

5) 파시즘과 나치즘

파시즘과 나치즘은 개인보다는 인종이나 민족, 국가를 앞세우는 이념이다. 개인은 인종, 민족, 국가를 위해 충성해야 하며, 개인은 인종, 민족이나 국가를 위해서 희생될 수 있다고 주장한다. 특히 이방인은 인종이나 국가의 우수성을 해칠 가능성이 있기 때문에 인종적 순수성을 유지해야 한다고 주장한다.

사유재산을 인정하지만 개인보다 국가가 상위에 존재하기 때문에 국가의 필요성에 따라서 언제든지 사유재산을 통제할 수 있다고 주장한다. 또, 계급갈등은 인종, 민족, 국가의 통합을 해치는 장애물이기 때문에 계급갈등을 통제할 강력한 국가기구가 필요하다고 주장한다.

인간의 존엄성보다는 인종, 민족, 국가를 앞세우는 파시즘과 나치즘이 인류사의 비극을 초래한 것은 필연적이다. 인종의 우수성과 순수성을 앞세우던 나치즘은 다른 인종에 대한 대규모의 학살을 초래했으며, 국가의 영광을 재현한다는 파시즘은 잔인한 침략전쟁으로 인류사를 비극으로 물들였다.

6) 공산주의

공산주의는 생산수단을 소유하는 자본가가 노동자들을 착취하기 때문에 경제적 불평등과 사회적 갈등이 발생한다고 본다. 따라서 불평등과 갈등을 없애려면 노동자가 혁명을 일으켜 사유재산제도를 없애야 한다고 주장한다.

이러한 공산주의 이념은 소련과 중국, 그리고 동유럽에서 역사적 실험을 했지만, 결국 실패로 끝났다. 개인이 지닌 재산을 뺏는 공산화과정에서의 비극은 물론이고, 공산화가 되고 난 이후에도 완전히 평등한 사회는 오지 않았다. 새로운 지배계층은 물질적인 부는 물론 정치적 특권을 누렸지만, 나머지 국민들은 가난과 자유의 박탈로 고통 받아야 했음을 동유럽과 소련의 역사가 실증적으로 보여줬다. 또 공산주의 경제의 비효율성은 생필품의 부족을 초래했고, 결국은 소련을 비롯한 대부분의 공산국가들이 붕괴했다.

칼 마르크스(Kal Marx 1818-1883)

독일의 사상가이자 정치경제학자. 칼 마르크스의 대표작은 『공산당선언』과 『자본론』이다. 1848년 출간된 『공산당선언』 제1장의 첫 문장은 "지금까지의 모든 역사는 계급투쟁의 역사다"라고 선언하고 있다. 자본주의에서는 생산수단을 소유하고 있는 소수의 자본가와 임금을 받고 자신의 노동을 파는 노동자들 간에 계급의 이익이 대립할 수밖에 없고, 이러한 계급간의 이익대립이 사회갈등의 원인이라고 한다.2)

이러한 가운데 계급의식을 가지게 된 노동자들이 정치권력을 획득하게 되면, 자본가도 노동자도 없는 다시 말해 계급이 없는 생산자들의 자유로운 연합인 공산사회가 만들어질 것이라고 주장했다. 또 다수가 지배하므로 민주주의가 보장된다고 주장했다.

『공산당선언』을 비롯한 마르크스의 저작은 후대 많은 학자들에게 영향을 주었을 뿐 아니라 레닌과 같은 정치가들에게도 영향을 주어 공산주의 국가가 등장하게 되었다. 그러나 소련을 비롯한 공산주의 국가들은 계급을 없애지도, 국민들의 삶을 풍족하게 하지도, 민주주의를 보장하지도 못함에 따라 역사의 뒤안길로 사라지게 된다.

---

2) 마르크스·엥겔스, 『공산당선언』, 남상일 옮김, 백산서당, 1989.

7) 제3의 길

2차 세계대전 이후 서구에서는 큰 정부를 주장하는 진보주의가 작은 정부를 주장하는 보수주의보다 더 지지를 받았고, 진보 정당이 행정부와 의회를 장악하는 경우가 빈번했다. 진보는 적극 재정, 수요경제학, 복지국가를 특징으로 하는 케인즈주의 경제정책을 기반으로 했는데, 케인즈주의 경제정책은 2차 대전 이후 약 30년간 서구 경제정책의 골간이었다.

그러나 1970년대 들어 서구경제가 오일쇼크와 재정적자, 그리고 경제는 정체되지만 물가는 오르는 스태그플레이션의 3중고를 겪게 되자 케인즈주의 경제정책도 한계에 봉착하게 되었다. 이러한 가운데 등장한 것이 대처리즘과 레이거노믹스로 대표되는 신자유주의다. 신자유주의는 다운사이징과 공급경제학을 바탕으로 하고 있는데, 정부가 규모를 줄이고 정부가 세금을 줄이면 민간은 투자할 자금이 늘어나게 되고, 투자가 늘면 결국 낙수효과로 국민들의 삶도 윤택해진다고 주장한다.

1970년대 말 대처와 레이건에 의해 시작된 신자유주의는 1990년대 공산진영이 무너지면서 더 강력하게 세계를 휩쓸었다. 신자유주의의 광풍 속에서 일부 진보정치인들은 신자유주의의 일부를 받아들이고자 하는데, 이것이 제3의 길이다. 영국의 블레어 수상, 미국의 클린턴 대통령이 대표적으로 제3의 길을 걸은 정치인인데, 이들은 보수적인 경제정책과 진보적인 사회정책을 결합하고자 했다.

예를 들어, 클린턴 대통령은 진보당인 민주당 소속이었음에도 불구하고 복지보다 일자리의 중요성을 강조했고, 중산층 감세를 단행하기도 했는데, 이는 보수적인 경제정책을 받아들인 결과였다. 그러나 사회문제에 있어서는 낙태옹호, 군대내 동성애자에 대한 차별금지 등 진보적 입장을 표방했다.

한국의 정치이념

한국의 정치이념도 크게 진보와 보수로 나눌 수 있는데, 한국의 보수와 진보의 특징은 무엇인지 살펴보자.

1) 한국의 보수

한국의 보수는 반공주의, 근대화주의, 시장자유주의로 구성되어 있다. 반공이 한국 보수의 주요한 부분을 이루는 것은 한국전쟁과 분단이라는 역사적 경험과 관련이 있다. 한국전쟁을 겪으며 가족과 재산을 잃은 사람이 부지기수인 세대가 공산주의를 혐오하고 한미동맹을 중시하는 것은 자연스럽다고 할 수 있는데, 이들이 한국 보수의 뿌리라고 할 수 있다. 물론 한국 보수의 반공주의는 해방정국까지 거슬러 갈 수 있지만, 현존하는 보수주의자들의 반공의식은 한국전쟁의 경험에서 기인하는 바 크다.

한국 보수의 두 번째 뿌리는 근대화다. 1961년 5.16 군사정변으로 집권한 박정희 대통령이 내세운 명분은 근대화였다. 박정희 정부의 정부주도 경제개발계획은 성공했고, 한강의 기적을 낳았다. 근대화 세력은 경제발전을 위해서 민주주의와 인권은 후순위로 밀어 두어야 한다며 박정희 대통령의 장기집권을 옹호했을 뿐 아니라, 정부주도 경제정책에 익숙했다. 그 결과 보편적 보수가 지향하는 가치인 정치적 자유, 의사표현의 자유, 결사의 자유, 사상의 자유, 경제활동의 자유와 같은 자유의 가치를 경시하는 태도를 가지고 있었다.

이러한 가운데 2000년대 초반에 시작된 뉴라이트 운동은 자유주의를 바탕으로 한 시장주의를 내세우고 있다. 시장은 효율적이지만 정부는 부패하고 무능하고 비효율적이기 때문에 정부가 시장에 개입할수록 자원의 배분이 왜곡되므로 작은 정부가 필요하다고 주장했다. 또 큰 정부는 국민의 정치적 자유나 언론의 자유를 억압할 가능성이 있으므로 시민의 자유권을 보장하기 위해서 작은 정부가 필요하다고 주장했다.

이러한 작은 정부 시장주의자들의 주장은 근대화 보수가 보여 왔던 정부주도의 경제관과는 큰 차이를 보이는 것이었다. 또, 시민과 언론의 자유를 존중한다는 측면에서도 근대화 보수와 큰 차이를 보이는 것이었다. 뉴라이트 운동의 활성화와 함께 정권교체가 이루어져 이명박 정부가 들어섰지만, 언론의 자유, 시민의 자유, 시장의 자유를 보호하기는커녕 민간인 사찰과 국가기관의 대선개입 등 민주주의 후퇴 우려를 낳았다. 박근혜 정부 역시 화이트리스트와 블랙리스트를 운영하는 등 자유를 억압하는 모습을 보였다.

자유주의를 기반으로 하는 시장철학을 이해하지 못하는 정치세력이 집권에 이용만 했기 때문에 뉴라이트 운동은 실패했다. 그러나 한국 보수가 미래로 나아가고자 한다면, 근대화 성공의 향수만을 쥐고 있을 수는 없을 것이며, 자유의 가치를 내재화한 보수로 나아갈 수밖에 없을 것이다.

2) **한국의 진보**

한국의 진보는 민주화운동 세력, 남북 화해와 교류를 원하는 민족주의 세력, 그리고 적극적인 재분배와 시장개입을 원하는 큰 정부를 지향하는 세력으로 구성되어 있다.

박정희 정권의 장기집권과 인권탄압에 맞서던 학생운동권과 조직화된 시민사회는 한국 진보의 핵심세력이 되었다. 이들은 민주화라는 역사적 성취에 기여했지만, 운동권의 조직은 그들이 그렇게 반대하던 독재정권과 비슷하고 조직 내부의 민주화를 달성하지 못했다는 비판을 받아왔다.

민족주의의 기원은 일본 제국주의의 경험과 반일에서 시작되었지만, 1980년대에 유행한 종속이론과 더불어 광주민주화운동에 대한 군부의 유혈진압은 민족주의의 방향을 변화시킨 원인이 되었다. 당시의 민족주의는 반미주의와 북한에 대한 추종이 혼합되어 있었다. 한편으로는 전시작전권은 물론, 평시작전권을 가진 주한미군이 군부세력의 광주민주화운동의 무참한 진압을 막지 않았다는 것이 반미성향이 강화된 이유였다.

다른 한편으로는 당시의 학생운동권은 자본주의 세계체제로부터 탈퇴해야 중심부의 수탈로 인해 주변부가 더 가난해지는 것을 막을 수 있다는 종속이론을 신봉했고, 이 때문에 주체적 사회주의를 내세우는 티토의 유고슬라비아나 북한에서 대안을 찾았다. 1990년대 들어 동유럽의 붕괴와 더불어 남, 북간의 경제격차의 확대는 더 이상 북한을 이상향으로 생각할 수 없게 만들었고, 북한 추종적 민족주의는 남북의 교류확대와 민족자결로 한반도 문제를 해결해야 한다는 주장으로 변모하게 되었다. 이러한 진보의 민족주의는 정권을 잡은 후 햇볕정책으로 구체화되었다. 그러나 '북한은 핵무기를 만들 능력도, 의지도 없다'는 진보정권의 공언과 달리 북한은 핵개발을 지속해 핵무기의 실전배치가 가능한 수준에 도달했다.

진보의 또 하나의 흐름은 부익부 빈익빈과 같은 시장의 실패를 교정하기 위해서는 적극적인 재분배를 하는 큰 정부가 필요하다는 주장이다. 적극적인 재분배론자들은 재분배를 통해 저소득층의 소득이 늘어나게 되면 소비가 늘어나고, 소비가 늘어나면 생산이 늘어나게 되는 선순환이 일어나 경제가 성장한다고 주장한다. 그러나 김대중 정부에서는 IMF의 구제금융을 상환하는 성과를 냈지만, 노무현, 문재인 정부에서는 저성장과 경제양극화 심화라는 성적표를 받았다. 대부분의 민주주의 국가들에서 진보정부가 보수정부보다 나쁜 경제성적표를 받지 않는다는 점을 고려해 보면, 한국 진보는 시장에 대한 성찰이 필요해 보인다.

낙수효과와 분수효과

고소득층의 소득이 증가하면 소비와 투자확대로 이어져 결과적으로 저소득층의 소득도 증가한다는 것이 낙수효과다. 보수주의자들은 낙수효과를 주장하는데, 기업의 세금을 인하하면 기업은 투자를 하게 되고, 기업의 투자는 일자리를 만들어 결과적으로 국민들의 소득도 증가한다고 주장한다.

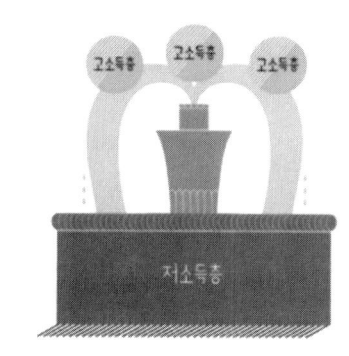

이에 반해, 복지를 강화해 저소득층의 소득이 늘어나면, 소득이 늘어난 만큼 소비가 늘어나고, 이는 다시 기업의 생산을 증가시켜서 경제를 활성화하는 효과를 낳는다는 것이 분수효과다. 진보주의자들은 분수효과를 주장하는데, 경제의 활성화를 위해서는 다양한 복지정책을 통해서 저소득층의 소득을 증가시켜야 한다고 주장한다.

3) 한국의 이념 변화

개인의 이념이나 사회의 이념분포가 항상 고정적인 것은 아니다. 한국전쟁이 반공주의를 강화시켰고, 박정희 정부의 장기집권이 민주화에 대한 열망을 강화시켰듯이, 정치상황의 변화에 따라 개인적인 수준에서도 사회전체 수준에서도 가치체계의 변화가 일어난다.

다음 그림은 중앙일보가 2002년부터 2016년까지 4년마다 국민과 국회의원의 이념을 조사한 결과다. 2002년에 조사한 결과를 보면 국민들의 평균 이념은 4.5점인 것에 반해, 2004년에는 4.6으로, 2008년에는 5.4, 2012년에는 5.6으로 국민들의 이념이 조금씩 보수화되어 가는 것을 볼 수 있다. 그러나 2016년에는 5.0으로 2012년보다 다시 진보 쪽으로 조금 움직이고 있는 것을 볼 수 있다.

또, 정당의 이념성향도 변화한다. 새누리당은 2002년과 2004년에는 의원들의 이념성향의 평균이 5.4였지만, 2008년에는 6.2로 보수

쪽으로 더 이동한다. 그러나 2012년에는 5,9로, 그리고 2016년에는 5.4로 보수의 색채가 약화되고 있는 것을 볼 수 있다.

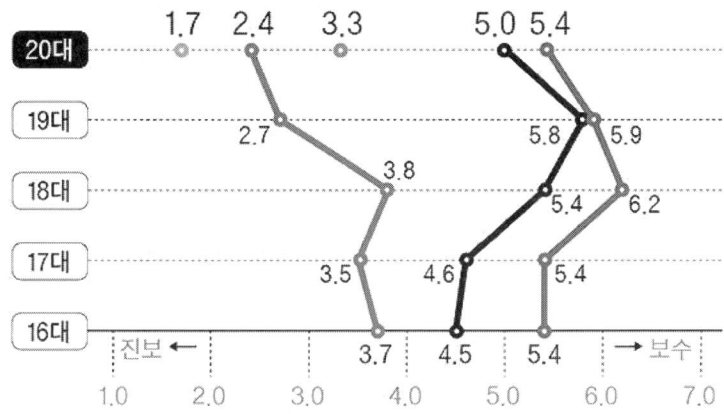

민주당은 2002년 3.7에서 2004년에는 3.5로 진보성향이 강화되지만, 2008년에는 3.8로 약간 보수화되는 것을 볼 수 있다. 그러나 2012년에는 2.7로 진보 쪽으로 많이 움직이는 것을 볼 수 있고, 2016년 국회의원선거 이후 민주당은 2.4로 좀 더 진보 쪽으로 움직이는 것을 볼 수 있다.

□ 생각하기 □

1. 중앙일보가 제시하고 있는 측정방법에 따라 자신의 이념성향을 측정해 보자.[3]

나의 이념 성향은 - 직접 해보세요 ※ 각 설문에서 ①번을 택하면 0, ②번 3.3, ③번 6.7, ④번 10입니다. 다 더한 뒤 15로 나누어 전체 평균을 내세요.

1. 대북 지원
① 북한 개방과 무관하게 적극 지원 확대
② 대북 지원 확대 통해 북한 개방 유도
③ 북한의 개방에 상응해 지원
④ 북한 정권 연장시키므로 전면 중단

2. 외교·안보 정책 방향
① 미국 일변도 정책 벗어나 독자적 외교노선 채택
② 미국 중심에서 탈피해 외교노선 다변화
③ 한반도 문제 해결 위해 전통적 한·미 동맹 강화
④ 한반도 이외 국제 문제도 미국 주도에 협력

3. 국가보안법
① 인권 침해, 법규 남용 소지 많아 전면 폐지
② 인권 침해, 법규 남용 줄이는 방향으로 개정
③ 현행 유지하되 인권 침해 없게 신중히 적용
④ 남북 대치 감안해 현행대로 엄격히 적용

4. 정부의 개성공단 전면 철수 결정
① 잘못된 결정이므로 즉각 재개
② 대화·설득 필요한 상황에 다소 무리한 결정
③ 대북제재 필요한 상황에 어쩔 수 없는 결정
④ 당연한 결정이고 영구 폐쇄해야

5. 고고도미사일방어(THAAD·사드) 체계 도입
① 절대로 도입해선 안 돼
② 중국 동의 없으면 도입하지 말아야
③ 도입하되 중국 고려해 보완대책 필요
④ 반드시 도입해야

6. 대기업 규제 문제
① 경제민주화 위해 대기업 해체까지 고려
② 경제민주화 위해 대기업 규제 강화
③ 경제 성장 위해 불공정거래 제외한 규제 폐지
④ 경제 성장 위해 규제 풀고 시장에 맡겨야

7. 비정규직 축소
① 고용 안정 위해 모든 비정규직을 정규직으로
② 현행법의 비정규직 보호 조항 좀 더 강화
③ 현행법의 비정규직 보호 수준으로 충분
④ 비정규직 보호는 시장 자율에 맡겨야

8. 일자리 감소 대응 위한 기본소득 도입
① 기본소득제 적극 도입해야
② 현행 사회보장제도 보완해 해결
③ 현행 사회보장제도로도 충분
④ 시장 기능 통해 새 일자리 창출 모색

9. 법인세 인상
① 대기업 집중 개선 위해 반드시 인상
② 경제 상황 봐가며 점진적으로 인상
③ 현행 수준 유지
④ 기업에 부담 줄 수 있으니 현행보다 인하

10. 무상보육
① 소득 수준 관계없이 모두에게 지원
② 부모의 전업 여부, 가구 소득 따라 차등 지원
③ 극빈층 등 꼭 필요한 경우에만 제한적 지원
④ 국가의 개입 바람직하지 않아

11. 성적 소수자(동성애자)
① 권리 인정하고 법적·제도적으로 보장해야
② 법적·제도적 보장은 어렵지만 권리 존중
③ 개인적으로 이해하지만 사회적 관용은 곤란
④ 가족·사회 근간 흔드는 해악이므로 용인 불가

12. 집회와 시위
① 결사와 표현의 자유 위해 제한 없이 허용
② 전면 허용은 아니더라도 현행 법규 완화 필요
③ 원칙적 허용하되더라도 불법 과격시위엔 엄격 대처
④ 사회 질서 유지 위해 필요하다면 제한

13. 사형제도
① 전면 폐지해야
② 반인륜적 범죄 제외하고 폐지해야
③ 정치·사상범 제외하고 사형제 유지해야
④ 현행 사형제도 그대로 유지

14. 테러 수사 위한 모바일메신저 도·감청
① 사생활 보호 위해 도·감청 전면 불허
② 법원 승인 등 엄격한 절차 거쳐도 해야
③ 국가 안보 관련 사안은 도·감청 폭넓게 허용
④ 일반 범죄에 대해서도 도·감청 허용

15. 부모나 교사의 체벌
① 어떤 체벌도 금지
② 원칙적으로 금지하되 제한적 상황에 최소한 허용
③ 지나친 체벌 아니라면 훈육 위해 허용
④ 훈육 위한 체벌은 부모나 교사 재량에 맡겨야

※ 평균 4 미만(진보), 4~6(중도), 6 초과(보수)

---

[3] 중앙일보는 정치성향 평가 카드뉴스도 제공하고 있다. 내용은 위의 표와 동일하다.
https://news.joins.com/Digitalspecial/64 참조.

2. 자신의 이념성향과 가장 가까운 의원은 누구인지 찾아보자.[4]

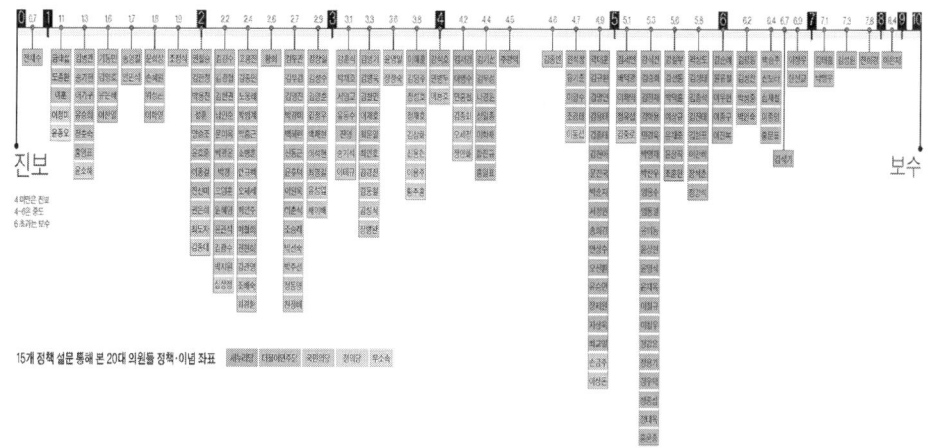

3. 자신의 지역구 의원은 누구인지, 또 지역구 의원의 이념성향은 어떤지 찾아보자.

4. 정부의 실패와 시장의 실패의 예를 각각 찾아보자.

---

4) 중앙일보에 들어가서 큰 그림으로 확인하는 것이 더 편함. https://news.joins.com/article/20256182 참조.

4
선거제도와 투표

선거제도와 투표

대의민주주의와 선거

대의민주주의는 주인인 국민이 자신을 대신할 대리인을 뽑아서 대리인들로 하여금 정부를 운영하도록 하는 것인데, 여기서 대리인을 뽑는 과정이 바로 선거다. 선거는 자신을 누가 가장 잘 대리할까 꼼꼼히 따져보고 선택하는 과정인 동시에, 현재의 대리인이 제대로 일을 했는지 따져보는 과정이기도 하다. 현재의 대리인이 일을 잘 했으면 계속 일할 수 있도록 다시 기회를 주고, 그렇지 않으면 현재의 대리인을 해임한다. 따라서 선거는 국민을 대리할 수 있는 정당성을 부여하는 과정이자, 대리를 잘 못한 대리인에 대해서는 국민을 대리할 수 있는 정당성을 환수하는 과정이기도 하다.

대의민주주의에 있어서 선거가 중요한 이유는 크게 두 가지다. 첫째, 선거로 정부가 구성되며, 정부가 행사하는 모든 권한과 권력의 정당성은 국민의 선택에서 나오는 것이다. 둘째, 선거는 현재의 정부에 대한 책임을 묻기 위해 정부의 상층부를 구성하고 있는 선출직 공직자들을 해임을 하는 과정이기도 한데, 이렇게 선출직 공직자의 교체가 국민의 선택에 따라 평화적으로 이루어지기 때문에 정치적 안정을 이룰 수 있다.

바람직한 선거의 조건

대의민주주의의 성공적인 운영을 위해서는 자유롭고 공정한 선거가 필수적인데, 여기서는 바람직한 선거의 조건을 살펴 본다.

1) 정보를 가진 유권자

대의민주주의에서 대리인을 선택하는 것은 유권자다. 이 때문에 선거 이후 구성되는 정부가 얼마나 잘 기능하는지는 유권자가 얼마나 현명하게 선택하는가에 달려 있다. 결국 유권자가 현재의 삶은 물론, 국가의 미래를 결정하는데, 현명한 유권자가 되기 위해서는 다음과 같은 다섯 가지 노력이 필요하다.

① 후보들의 경력을 비교해 보자.

어느 후보가 어떤 삶을 살아왔는지 후보들의 경력을 찾아서 비교해 보자. 특히 납세, 병역과 같은 국민의 의무를 다했는지 살펴 보고, 범죄를 지은 적은 없는지도 살펴 보아야 한다. 중앙선거관리위원회 웹사이트는 후보의 경력뿐 아니라 납세나 병력, 그리고 범법행위 유무에 대한 정보를 제공하는데, 이를 꼼꼼히 찾아 보도록 한다.

② 후보들의 공약과 그 공약에 대한 실행계획을 살펴 보자.

'세금을 인하하겠다' '복지를 확대하겠다'와 같은 공약도 중요하지만 공약을 실행하기 위한 실천방안을 가지고 있는지 여부는 더 중요하다. 공약을 실행하기 위해서는 얼마의 재원이 필요하고, 필요한 재원은 어떻게 마련할 것인지 살펴 보아야 한다.

③ 주요 이슈에 대한 후보들의 입장을 비교해 보자.

우리의 삶에 영향을 주는 이슈는 무수히 많기 때문에 어떤 한 이슈(single issue)만 보고 선택한 경우에는 후회하게 될 가능성이 높다. 주요 이슈들이 어떤 것이 있는지 찾아 보고 각 이슈에 대한 후보들의 입장을 비교해 본 후 어느 후보를 선택할지 판단해야 한다. 또 각 이슈에 대한 후보들의 과거의 입장을 살펴 보고 후보의 입장이 얼마나 일관성이 있는지도 검토해야 한다.

④ 어느 후보가 그 자리에 적합한지 생각해 보고 선택하자.

대통령인지, 국회의원인지, 자치단체의 장인지, 혹은 자치단체의 의원인지, 선출하는 공직의 특성은 무엇인지, 또 그 자리에서 일을 잘 하는 데 필요한 자질은 무엇인지 생각해 보아야 한다. 그러고 나서 그 일을 가장 잘 할 것으로 판단되는 후보는 누구인지 판단해야 한다.

⑤ 신뢰성 있는 자료를 찾아 보자.

인터넷이나 SNS는 물론이고, 사람들의 대화 속에도 수많은 거짓 정보가 흘러 다닌다. 특히 선거 때는 거짓 정보가 폭증한다. 거짓 정보에 속지 않기 위해서는 평상시에 믿을 만한 신문이나 웹사이트,

SNS 등 정보의 소스는 무엇인지 미리 챙겨 보는 것이 중요하다.

2) 자유로운 선거

아무리 유권자가 현명한 선택을 하고자 해도 선거과정이 자유롭지 않다면 충분한 정보를 얻을 수 없기 때문에 현명한 선택은 불가능하다. 또, 선거과정이 자유롭지 않다면 좋은 후보들이 선거에 나설 수도 없다. 따라서 자유로운 선거가 보장되어야 정당성을 가진 공직자를 선출할 수 있는데, 다음과 같은 네 가지의 자유가 보장되어야 자유로운 선거라고 할 수 있다.

① 누구나 후보가 될 수 있는 권리가 인정되어야 한다.

고려시대 최충헌의 사노비인 만적이 난을 일으키면서 왕후장상의 씨가 따로 있냐고 했다는데, 고려시대와 같은 계급사회에서는 누구나 정치를 할 수 있는 것이 아니었다. 그러나 현대 민주사회에서는 법이 정하고 있는 일정한 요건을 충족하면 누구나 후보가 될 수 있어야 한다. 그러나 아직도 지구상에는 야당 후보가 암살되는 등 자유로운 출마가 보장되지 않는 국가가 상당수 존재한다.

② 유권자 누구나 투표할 수 있는 권리가 인정되어야 한다.

인류의 역사는 재산유무 등에 따라 투표권을 제한한 흑역사가 있다. 그러나 현대 민주사회에서는 법이 정한 일정한 연령이 되면 누구나 투표할 수 있는 권리

를 가지고 있으며, 이 권리가 침해되어서는 안 된다. 특정 정당이나 후보를 지지할 가능성이 있다고 투표를 하지 못하도록 방해받지 않아야 한다. 또, 특정 후보나 정당을 기표하도록 회유 혹은 협박당하지 않는 가운데 투표할 수 있어야 한다.

③ 선거운동의 자유가 인정되어야 한다.

법이 금지하고 있는 방식이 아닌 한, 후보는 자신을 알리는 데 있어서 제약을 받아서는 안 된다. 자신이 누구인지, 자신의 정책은 무엇인지 유권자에게 알리고 지지를 호소할 수 있어야 한다. 또, 유권자는 후보에게 정보를 요구하고, 질문하고, 찬성하거나 반대할 수 있는 자유가 보장되어야 한다. 특히, 후보도 폭력이나 협박을 받지 않고 선거운동을 할 자유가 있어야 할 뿐 아니라 유권자도 폭력이나 협박을 받지 않고 후보에게 정보를 요구할 수 있어야 한다.

3) 공정한 선거

유권자의 선택이 왜곡되지 않고 선거결과에 반영되도록 하기 위해서는 공정한 선거가 이루어져야 한다.

① 공정한 선거제도

마치 축구에서 리그인가 토너먼트인가에 따라서 우승팀이 달라질 수 있는 것과 같이 선거제도도 선거 결과에 상당히 큰 영향을 미칠 수 있다. 선거제도에 따라서 당선자가 달라질 수도 있고, 또 각 정당이 얻게 되는 의석수도 달라질 수 있다. 따라서 공정한 선거제도를 채택하는 것이 공정선거의 첫 걸음이다.

② 공정한 선거관리

선거관리를 하는 기구가 특정 정당이나 특정 후보에게 편파적이지 않도록 정치권이나 국가권력으로부터 독립적으로 구성되어야 한다. 특히 개표과정이 매우 중요한데, 개표는 공개적으로 이루어져야 하며, 어느 후보 진영이든 개표과정에 참여해 공정하게 개표가 이루어지는지 확인할 수 있어야 한다.

③ 공정한 투표

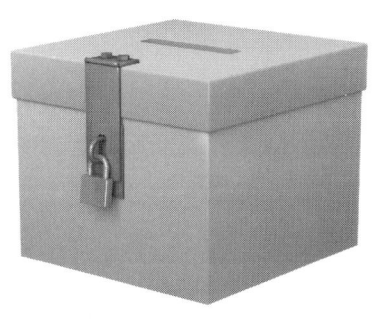

법으로 정한 조건을 만족한 유권자에게는 1표의 투표권이 평등하게 보장되어야 한다. 이를 위해서는 모든 유권자가 접근하기 용이한 곳에 투표소가 만들어져야 하며, 투표과정에 위협이나 유혹을 받지 않도록 보호해야 한다. 또한, 비밀투표가 지켜져야 한다.

③ 공정한 선거운동

선거운동의 기회가 모든 후보와 정당에게 동등하게 주어져야 한다. 민주주의가 성숙하지 않은 국가의 여당 후보들은 국가의 행정력을 이용한 관권선거의 부정을 저지르기도 하는데, 국가기관의 중립성을 유지하는 것이 공정한 선거운동을 위한 가장 중요한 과제라고 할 수 있다. 또, 선거운동에는 많은 자금이 소요되기 때문에 후보들은 불법자금의 유혹을 받기도 한다. 불법자금은 후보들 간의 불공정한 경쟁을 초래할 뿐 아니라 정치부패로 이어지므로 불법정치자금의 규제도 필요하다.

선거제도

1. 선거제도의 구성요소

모든 선거제도는 선거구의 크기, 입후보방식, 투표방식, 선출방식의 4가지의 요소로 구성되어 있는데, 이 4가지의 요소를 어떻게 조합하는가에 따라서 다양한 선거제도가 만들어질 수 있다.

① 선거구의 크기

선거구의 크기는 한 선거구에서 몇 명의 의원을 뽑는지를 나타낸다. 한 선거구에서 한 명의 의원을 뽑으면 1인선거구라고 하며, 한 선거구에서 두 명의 의원을 뽑으면 2인선거구라고 한다. 또 한 선거구에서 보통 10명 이상의 후보를 선출하면 대선거구라고 한다.

선거제도 개선 논의가 나올 때마다 정치권에서는 선거구제의 변화에 초미의 관심을 표명하는데, 그 이유는 선거구제가 정당이 몇 석을 얻는가에 가장 많은 영향을 미치기 때문이다. <표 4-1>처럼 A정당은 45%, B정당은 35%를, C정당은 20%를 득표했다고 가정하면, 1인선거구에서는 A정당만 당선자를 내고, 2인선거구에서는 A정당과 B정당이 당선자를 내게 된다. 또 3인선거구에서는 A정당이 2석을 얻고 B정당이 1석을 얻게 되는 것에 반해 C정당은 1석도 얻지 못하게 된다. 그러나 100인 선거구라고 가정하면, A정당은 45석, B

정당은 35석, C정당은 20석을 얻게 된다.

〈표 4-1〉 선거구의 크기와 정당별 의석수

선거구	A정당 (45% 득표)	B정당 (35% 득표)	C정당 (20% 득표)
1인	1석(100%)		
2인	1석(50%)	1석(50%)	
3인	2석(66.7%)	1석(33.3%)	
100인	45석(45%)	35석(35%)	20석(20%)

위의 표로부터 세 가지 사실을 유추할 수 있는데, 첫째는 선거구의 크기가 작을수록 사표가 많은 것에 반해 선거구의 크기가 커지면 사표가 적다는 점이다. 1인 선거구에서는 A정당이 얻은 45%를 제외한 55%의 표가 사표가 되는 반면, 100인 선거구에서는 사표가 없다.

둘째는 선거구의 크기가 커질수록 정당의 득표수와 의석수 간의 비례성이 커지지만, 선거구의 크기가 작아질수록 비례성이 나빠진다는 것이다. 위의 <표 4-1>처럼 100인 선거구에서는 모든 정당이 자신이 얻은 득표율만큼 의석률을 얻는다. 그러나 1인선거구에서는 A정당은 45%를 득표했을 뿐인데도 100%의 의석을 받게 되는 반면, B정당과 C정당은 합해서 55%의 득표를 했음에도 불구하고 의석을 배분받지 못한다.

셋째는 선거구의 크기가 커질수록 군소정당에게 덜 불리해지지만, 선거구의 크기가 작아질수록 군소정당이 불리해진다. <표 4-1>처럼,

C정당은 100인 선거구에서는 20석의 의석을 배출할 수 있다. 그러나 1인선거구가 100개 혹은 2인 선거구가 50개 있고, C정당이 모든 지역구에서 20% 득표율로 3등을 했다면 단 1석의 의석도 얻을 수 없는 것이다.

② 입후보 방식

입후보 방식은 투표용지에 후보의 이름이 나오고 이에 기표를 하도록 하는가 아니면 정당명 옆에 기표를 하도록 하는가를 일컫는다.

〈그림 4-1〉 국회의원선거 투표용지 샘플

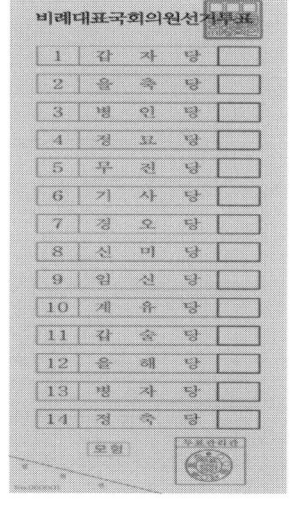

〈그림 4-1〉의 왼쪽 투표용지는 국회의원선거 지역구 투표용지다. 기호순으로 정당명 옆에 후보의 이름이 나와 있고, 후보의 이름 옆에 기표할 수 있도록 하고 있는데, 이를 개별 입후보 방식이라고 한다.

이에 반해 <그림 4-1>의 오른쪽 투표용지와 같이 비례대표를 선출하기 위한 정당투표에서는 정당명 옆에 기표할 수 있도록 하고 있는데, 이를 정당명부식 입후보 방식이라고 한다.

정당명부형 입후보 방식은 한국의 비례대표선출을 위한 제도처럼 유권자는 정당명에만 투표하도록 하고, 후보의 순위는 정당에서 결정하는 폐쇄형 정당명부식도 있고, 비례명부에 등재되어 있는 후보들의 순위도 유권자가 결정하는 개방형 정당명부식도 있다. 개방형 정당명부식은 정당명에 먼저 투표한 후 명부 내의 후보의 이름에도 투표하도록 한다.

또한, 정당명부식에는 전국을 하나의 선거구로 하는 전국구 정당명부식도 있고, 권역별로 정당명부를 만드는 권역별 정당명부식도 있다. 한국은 전국을 하나의 선거구로 하는 전국구 정당명부식을 채택하고 있는 것에 반해, 독일이나 일본은 권역별 정당명부식을 채택하고 있다.

일반적으로 개별 입후보 방식에서는 후보가 소속되어 있는 정당에 대한 지지만으로는 당선되기는 어렵고 후보 본인이 얼마나 지역주민의 지지를 받는가가 중요하다. 이에 반해 정당명부식, 특히 폐쇄형 명부식에서는 정당에 대한 유권자의 지지가 높아야 당선 가능성이 높아진다. 또한, 명부 내에서 몇 번째 순위를 받는가가 당락에 큰 영향을 미친다. 예를 들어 100명의 비례대표의원을 뽑고 A정당이 정당투표에서 20%의 득표를 했다고 하면, 그 정당에 배분되는 비례대표의원 수는 20명이고, A정당의 정당명부에 등재된 1번부터 20번 후보까지가 당선자가 된다.

이 때문에 개별입후보 방식이 폐쇄형 정당명부식보다 후보 개인의 지지율이 당락에 중요한 영향을 미친다. 그런 만큼 개별입후보 방식이 정당으로부터 의원의 자율성이 높아지는 경향이 있다. 이에 반해 폐쇄형 정당명부식에서 높은 순위를 받기 위해서는 정당과 이념적 일체성이 높아야 하기 때문에 의정활동을 하는 과정에서도 정당과의 일체성이 커지는 경향이 있다.

개별입후보 방식에서는 소수집단의 일원이 후보가 되거나 당선되기는 매우 어렵다. 그러나 폐쇄형 정당명부식에서는 다양한 소수집단의 대표가 후보가 되고, 또 당선될 가능성이 높기 때문에, 폐쇄형 정당명부식이 대표의 다양성을 위해서는 바람직하다고 할 수 있다. 그러나 폐쇄형 정당명부식에서 부패한 정당지도부가 공천을 좌지우지하면, 정당지도부와 가까운 인사들이 상위순번을 받거나 돈 공천의 가능성 등 공천과 관련된 비리가 발생할 가능성이 있는 것도 사실이다.

③ 투표방식

투표방식은 유권자가 몇 표를 행사하는지를 의미한다. 유권자가 1표를 행사한다면 1표제이며, 유권자가 2표를 행사한다면 2표제다. 또, 유권자가 여러 표를 행사한다면 다수표제다. 우리의 대통령선거에서는 유권자가 1표만을 행사하기 때문에 1표제라고 할 수 있으며, 국회의원선거에서는 유권자가 2표를 행사하기 때문에 2표제라고 할 수 있다.

다수표제는 엄밀한 의미에서 두 가지 종류가 있다. 우리의 지방선거와 같이 여러 직위를 한꺼번에 선출하기 때문에 유권자가 다수표를 행사할 수 있는 경우가 있는가 하면, 한 선거구 내에서 다수표를 행사할 수 있는 경우도 있다. 한 선거구 내에서 다수표를 행사하는 방식은 한국선거에서는 사용된 적이 없기 때문에 낯선 방식인데, 인구가 적은 국가나 당내선거에서 이용되곤 한다.

한 선거구 내에서 다수표를 행사하는 다수표제에는 연기투표제와 집중투표제가 있다. 연기투표제는 유권자가 주어진 표를 한 후보당 한 표씩 줄 수 있는 투표방식이다. 예를 들어 한 선거구에서 3명의 의원을 뽑고 유권자가 3표를 행사할 수 있다면, 유권자가 지지하는 3명의 후보에게 한 표씩 나눠주는 투표방식이다. 다시 말해 3표 연기투표제라고 한다면 유권자가 한 선거구에서 3명의 후보를 뽑는 것이다.

연기투표와 달리 집중투표제는 유권자에게 다수표를 주어 한 후보에게 모두 몰아주거나 혹은 여러 후보에게 표를 나눠주는 것을 모두 허용하는 제도다. 예를 들어 한 선거구에서 3명의 의원을 뽑고 유권자가 3표를 행사하는 집중투표제라고 한다면, 유권자는 자신이 가장 지지하는 후보에게 3표를 모두 몰아줄 수도 있고, 2명의 후보에게 2표, 1표 이렇게 나눠줄 수도 있고, 3명의 후보에게 1표씩 나눠줄 수도 있다.

유권자의 선호만 측정하는 다른 투표제도와 달리 집중투표제는 지지의 강도를 측정할 수 있다는 점에서 장점이 있지만, 선거관리의 비용은 증가한다. 일반적으로 군소정당은 지지자의 수는 적지만 지지의 강도는 강한 경향이 있기 때문에 집중투표제는 군소정당에게 유리하게 작용할 수 있다. 이에 반해, 연기투표제에서는 후보들이 서로 연대해 유권자의 두 번째 세 번째 표를 얻으려는 전략을 사용하는 경향이 있기 때문에 후보간의 전략적 연대를 촉진하는 경향이 있다.

④ 선출방식

후보나 정당이 득표한 표를 바탕으로 당선자를 결정하는 방식인데, 대표적으로 다수제와 비례제가 있다. 다수제는 한 선거구에서 가장 많은 표를 받은 후보를 당선자로 하는 제도인 데 반해, 비례제는 정당이 얻은 득표율에 비례해 의석을 배분한다.

다수제는 상대다수제와 절대다수제로 나뉜다. 상대다수제는 가장 많은 득표를 한 후보, 다시 말해 1등을 한 후보를 당선자로 결정하는 것이기 때문에 최다득표제라고도 한다. 이에 반해, 절대다수제에서 당선되기 위해서는 과반(50% 초과) 득표를 해야 하는데, 과반을 득표한 후보가 없는 경우에는 일정 기준을 통과한 후보를 대상으로 2차 투표(결선투표)를 실시해 가장 많은 득표를 한 후보를 당선자로 하기 때문에 결선투표제라고도 한다. 프랑스 대통령선거를 비롯해 대부분의 결선투표제는 1차 선거에서 과반을 획득한 후보가 없는 경우 1위와 2위 후보를 대상으로 결선투표를 실시하지만, 프랑스 하원선거에서는 1차 투표에서 12.5% 이상을 득표한 후보들을 대상으로 2차 투표를 한다.

절대다수제는 1인선거구와만 결합하는 것에 반해, 상대다수제는 1인선거구는 물론이고 2인 이상의 다인선거구와 결합하기도 한다. 예를 들어 3인선거구와 상대다수제가 만나면 후보의 득표수가 많은 순서로 3명을 당선된 것으로 한다.

2. 대표적인 선거제도

앞에서 살펴 본 4가지 선거제도 요소를 이용해 다양한 선거제도를 만들어낼 수 있다. 최다득표제, 결선투표제, 단기비이양식, 비례대표제, 혼합다수제, 혼합비례제가 가장 빈번하게 사용되는 선거제도인데, 이에 대해 살펴 보도록 한다.

① 최다득표제

1인선거구와 개별입후보방식, 1표제, 그리고 상대다수제가 만나서 만들어진 제도다. 간단히 설명하면, 1명을 선출하는 선거구에서 가장 많이 득표한 후보 1명을 당선자로 하는 제도다. 대표적으로 한국 대통령선거와 국회의원선거 중 지역구선거, 그리고 미국과 영국의 의원선거에서 사용되고 있다.

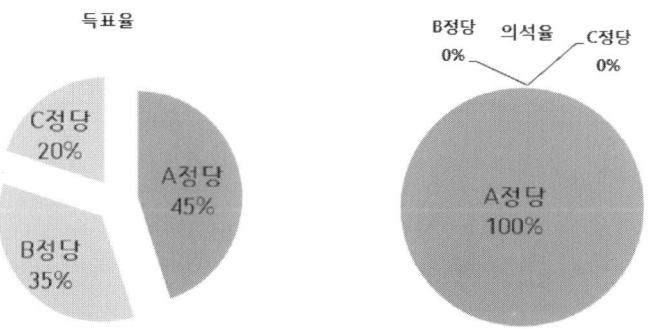

〈그림 4-2〉 1인선거구 최다득표제에서의 득표율과 의석율의 예

예를 들어 <그림 4-2>에서 보듯이 100개의 선거구가 있고, 모든 선거구에서 A정당 후보가 45%, B정당 후보가 35%, C정당 후보가 20%의 득표율을 기록했다고 가정해 보자. 이 경우 당선자는 모두 A정당에서 배출하게 되는데, A정당은 45%의 득표율로 100%의 의석

률을 기록하게 된다. 그러나 B정당과 C정당을 지지한 유권자는 전체 유권자의 과반인 55%에 달함에 불구하고 이 표는 대표되지 않은 죽은 표가 된다.

물론 현실 정치는 <그림 4-2>와 같이 극단적이지는 않고, 100개의 선거구 평균 득표율이 그림과 같다고 해도 선거구에 따라서 B정당이나 C정당이 1등한 곳도 있을 수 있다. 그러나 대체로 1인선거구 최다득표제는 사표가 많을 뿐 아니라 득표율과 의석률 간의 비례성이 낮고, 거대정당에 유리한 경향이 있다.

유권자는 선거제도의 정치적 효과를 체험적으로 알고 있기 때문에 자신의 표를 사표로 만들고 싶어 하지 않는 경향이 있다. 이 때문에 자신이 정말 지지하지만 당선 가능성이 낮은 군소정당 후보가 아니라 덜 나쁘게 생각하지만 당선 가능성이 있는 거대정당 후보에게 투표를 하는 경향이 있는데, 이를 전략투표라고 한다.

1인선거구 최다득표제는 거대정당에게 유리하기 때문에 결과적으로 양당제와 친화성을 지닌다. 미국과 영국이 오랫동안 양당제를 유지하고 있는 데는 정치문화적 요소도 있지만, 1인 선거구 최다득표제라는 제도적 요인도 작동하고 있다. 물론 예외는 있다. 1인선거구 최다득표제가 지역구도와 만나면 다당제를 초래하기도 한다. 예를 들어 3김 정치시절에는 영남, 호남, 충청의 3개의 지역구도가 존재했는데, 1인선거구 최다득표제는 각 지역에서 그 지역당이 의석을 싹쓸이하도록 만들어 결과적으로 3당제를 초래했다.

② 결선투표제

1인선거구와 개별입후보방식, 1표제, 그리고 절대다수제가 만나서 만들어진 제도다. 전체 득표수의 과반을 득표한 후보가 당선자가 되는 제도인데, 과반을 득표한 후보가 없는 경우에는 일정한 기준을 충족한 후보를 대상으로 2차 투표를 실시해 가장 많은 득표를 한 후보를 당선자로 한다.

대표적으로 프랑스가 대통령선거와 하원선거에서 결선투표제를 채택하고 있는데, 대통령제 선거에서는 1등과 2등을 대상으로 2차 투표를 실시하는 것에 반해, 하원선거에서는 12.5% 이상 득표를 한 후보를 대상으로 2차 투표를 실시한다. 신예 마크롱 대통령이 당선된 2017년 대선을 예로 들면, 총 11명의 대선 후보가 출마해 마크롱이 24.01%, 르펜이 21.30%를 득표해 각각 1위와 2위를 기록했다. 1위와 2위에 대한 2차 투표결과 마크롱이 66.1%를 얻어 당선되었다.

결선투표제는 최다득표제와 마찬가지로 1인선거구 개별입후보방식에 다수제를 결합한 것이지만, 선거제도의 정치효과에 있어서는 상당한 차이가 있다. 프랑스 2017년 대선에서는 11명의 후보가 출마했고, 선두 4명의 후보가 20% 언저리에서 득표한 것에서 보듯이 결선투표제는 다당제를 유지하는 데 도움이 된다. 또, 2차를 투표를 통해 국민의 절대다수의 지지를 받아 당선되므로 국민대다수의 지지를 받는다는 명분도 생긴다. 그러나 다른 한편에서는 2차 투표 참여율이 낮기 때문에 진정한 의미의 국민의 절대다수의 지지를 받아 당선되는 것은 아니라는 비판도 있다.

③ 단기비이양식투표제

다인선거구와 개별입후보방식, 1표제, 그리고 다수제가 만나서 만들어진 제도다. 단기비이양식을 흔히 한국 언론에서는 중선거구제라고 하는데, 대표적으로 한국의 4, 5공화국에서 채택했고, 일본은 1994년 선거제도 개혁 이전에 채택한 바 있다.

한국의 4, 5공화국에서 채택되었던 단기비이양식은 2인선거구, 개별입후보방식, 1표제, 그리고 상대다수제가 만난 제도였다. 다시 말해 한 선거구에서 2명의 의원을 선출하지만, 유권자는 1표만을 행사하고, 집표결과 1등과 2등을 한 후보를 당선자로 결정하는 것이다. 이에 반해 과거 일본은 한 선거구에서 2명 내지 6명을 뽑는 단기비이양식투표제를 채택한 바 있다.

단기비이양식은 같은 당에서 여러 명의 후보가 출마할 수 있기 때문에 정당의 정책을 기반으로 한 선거가 아니라 인물중심 선거가 된다는 비판을 받아왔다. 또 이 때문에 계파정치와 정치부패를 낳을 가능성이 크다는 비판을 받아왔다. 그러나 단기비이양식투표제는 선거구의 크기가 2인 이상이기 때문에 1인 선거구 최다득표제보다는 사표가 적고 소수정당에게 덜 불리할 가능성이 크다.

④ 비례대표제

보통 비례대표제라고 하면 폐쇄형 정당명부식 비례대표제를 일컫는데, 이 제도는 다인선거구, 폐쇄형 정당명부식, 1표제, 비례제가 결합한 것이다. 유권자는 정당명에 투표하고, 집계결과 각 정당이 얻은 득표수에 비례해 의석수를 배분한다. 그리고 정당이 배분받은 의석수만큼 정당명부의 상위순번부터 차례로 당선자를 결정한다. 다시 말해 100명의 의원을 선출하는 선거에서 A정당이 20% 득표율을 기록했다고 하면, A정당에 배분되는 의석수는 20석이고 A정당이 중앙선거관리위원회에 제출한 정당명부 중 1번부터 20번 후보까지를 당선자로 한다.

비례대표제는 정당이 얻은 득표율에 비례해 의석수를 배분하기 때문에 사표가 적고 비례성이 높다는 것이 장점이다. 사표가 적다는 것은 군소정당이 불리하지 않다는 의미로, 비례대표제는 다당제와 친화성을 가진다. 또, 정당명부에는 지역구에서는 당선되기 어려운 소수자들을 배려할 수 있다는 점 역시 장점이다.

그러나 수많은 정당이 난립하는 극단적인 다당제에서는 정치의 안정성과 통치가능성이 낮아질 가능성이 크다는 문제점도 있다. 또 비민주적인 정당정치와 폐쇄형 정당명부식 비례대표제가 만나면 정당지도부는 극단적으로 돈을 받고 명부 내 순위를 파는 매관매직을 할 가능성도 있다.

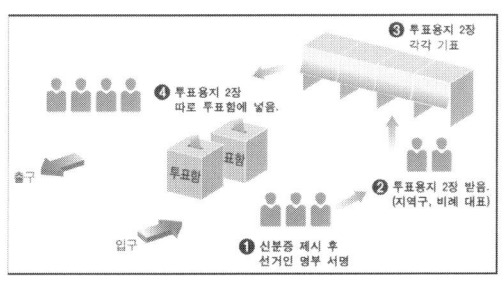

이와 같은 공천에 있어서의 도덕적 해이와 부패를 막을 수 있는 비례대표제도가 개방형 정당명부식 비례대표제인데, 다인선거구, 개방형 정당명부식, 2표제, 비례제를 결합해 만든 선거제도다. 유권자는 정당명에 1표를 행사할 뿐 아니라 명부 내에 등재되어 있는 후보에게도 1표를 행사할 수 있다는 점이 폐쇄형 정당명부제와의 차이점이다.

개방형 정당명부 비례대표제에서는 각 정당이 정당투표에서 얻은 득표수에 따라 의석이 배분되지만, 그 정당의 후보들 중 누가 당선되는지는 정당명부에 등재된 후보들의 득표순으로 결정된다. 예를 들어 100명의 의원을 선출하고 A정당이 20% 득표율을 기록했다고 하면, A정당에 배분되는 의석수는 20석이다. 그리고 A정당의 명부에서 후보별 득표수 상위 20명이 당선자가 되는 것인데, 대표적으로 핀란드가 이러한 제도를 채택하고 있다.

개방형 정당명부식 비례대표제에서는 정당의 득표수와 의석수간의 비례성이 높으면서도 유권자가 직접 어떤 후보가 당선되어야 하는지를 결정할 수 있는 장점이 있다. 그러나 유권자가 직접 후보에게 투표하기 때문에 인지도가 높은 후보가 당선될 가능성이 커지는 반면 소수를 대표하는 후보군이 당선되기 어려운 문제가 있다. 이 때문에 스웨덴, 네덜란드 등의 국가는 폐쇄형 정당명부제처럼 정당명부의 순위를 부여하되, 일정 쿼터 이상을 득표한 후보는 자신의 순위에 상관없이 당선된 것으로 함으로써 개방형과 폐쇄형의 장단점을 모두 취하고자 한다.

⑤ 혼합다수제

혼합제는 1인선거구 최다득표제와 비례제를 혼합해 양제도의 장점은 살리고, 단점은 완화시키기 위한 제도다. 일부 학자들은 21세기는 혼합제의 시대라고 하는데, 이는 1990년대 이후 선거제도 개혁을 한 국가들은 대부분 혼합제를 채택하였기 때문이다. 혼합제에는 1인선거구 최다득표제를 중심으로 하고 비례대표제를 병렬식으로 부가한 혼합다수제와 비례대표제에 1인선거구 최다대표제를 연동한 혼합비례제가 있다.

흔히 혼합다수제는 병립식 혹은 부가형이라고도 일컬어지는데, 한국의 국회의원선거제도와 마찬가지로 지역구 당선자와 비례대표 당선자의 결정이 독립적으로 이루어진다. 예를 들어, 지역구 의원정

수는 200명으로 1인선거구 최다득표제로 선출하고 100명은 폐쇄형 정당명부식 비례대표제로 선출한다면, 각 정당의 지역구 당선자와 비례대표 당선자를 더한 수가 총 의석수가 되는 것이다. 이렇게 하면 최다득표제에서 나타나는 낮은 비례성의 문제와 사표의 문제를 상당히 보완할 수 있고 소수대표도 가능한 장점이 있다는 것이다.

⑥ 혼합비례제

일본, 이탈리아, 한국이 혼합다수제를 하는 대표적인 국가라면, 독일과 뉴질랜드는 혼합비례제를 하는 대표적인 국가인데, 혼합비례제는 비례대표제에 1인선거구 최다득표제를 연동한 것이다. 이 때문에 혼합비례제를 언론에서는 연동형 비례대표제라고도 칭한다.

혼합비례제는 비례대표제처럼 정당투표에서 각 당이 얻은 득표수에 따라서 정당별 총의석수를 먼저 결정한다. 정당별 총의석수에서 지역구 당선자 수를 빼고 남은 수가 그 정당의 비례대표 의석수가 된다. 예를 들어 총 의석수가 300석이고 지역구와 비례대표가 각각 150석이라고 가정해 보자. A정당이 정당투표에서 20%를 얻었고 지역구에서 35석을 얻었다고 가정하면, A정당의 총의석수는 60석이 되고, 지역구 의석수는 35석이 된다. 따라서 비례대표의석은 60석에서 35석을 뺀 25석이 된다.

이와 같은 혼합비례제는 비례대표처럼 각 정당이 정당투표에서 얻은 득표수와 의석수가 높은 비례성을 보이는 것이 장점이다. 그러나 계산의 복잡성과 초과의석의 발생 가능성이 단점으로 간주된다. 예를 들어 총 의석수가 300석이고 지역구와 비례대표가 각각 150석이라고 가정해 보자. A정당이 정당투표에서 20%를 얻었다고 정하면

A정당의 총의석수는 60석이 되어야 한다. 그러나 만일 지역구에서 이미 65석이 당선되었다면, A정당의 비례대표 의석수는 0석이 된다. 또, A정당의 총의석수는 60석이 되어야 하지만 이미 지역구에서 65석이 당선되었기 때문에 A정당은 5석의 초과의석을 얻게 된다.

누가 선출되나?

선거결과를 예측하는 것은 쉽지 않은 일이다. 그러나 일반적으로 선거에 영향을 주는 요소를 들자면 ① 후보, ② 선거환경, ③ 선거이슈와 공약, ④ 유권자의 성향분포, ⑤ 투표율을 들 수 있는데, 이러한 요소들이 선거결과에 어떤 영향을 주는지 살펴본다.

1) 후 보

대통령선거와 같이 후보에 대해 유권자가 잘 아는 선거일수록 선거에 미치는 후보요인은 크다. 후보가 공직을 수행할 수 있을 정도의 지력, 건강, 도덕성, 의사소통능력, 결단력, 삶의 이력을 가지고 있는지 유권자는 나름의 잣대로 평가한다.

후보의 지력은 후보가 정책을 이해하고 정책을 만들기 위해서 필요한 가장 기초적인 능력이다. 후보가 모든 정책영역에 대해 다 전문성을 가질 필요도 없고 가질 수도 없지만, 적어도 전문가들의 정책 제안 중 어떤 것이 옳은가에 대한 판단을 할 정도의 지력은 필요하다.

후보의 지력이 문제가 되었던 대표적인 선거는 1988년 미국 대통령선거인데, 부통령 후보였던 댄 퀘일에 대해서 우려를 가지고 있던 언론은 퀘일 후보가 한 학교에서 감자를 'potatoe'라고 쓰자 퀘일의 지적 능력에 대해 엄청난 의문을 쏟아낸 바 있다. 이러한 퀘일의 지적 능력에 대한 의문은 부시 대통령이 일본방문 중 쓰러지자 퀘일이 대통령대행을 하지 못하도록 헌법을 개정해야 한다는 여론을 들끓게 만들기도 했다.

공직자가 건강해야 올바른 판단을 할 수 있고, 무엇보다도 국정의 중단이 있어서는 안 된다는 점에서 후보의 건강문제 역시 중요하다. 후보의 건강문제는 후보의 나이가 많을수록 제기되는 경향이 있기 때문에 나이가 많은 후보는 이를 극복하기 위한 다양한 전략을 생각하게 된다. 대표적으로 1984년 미국선거에서 레이건은 73세로 재선에 출마했는데, 고령의 장애를 뛰어넘기 위해 아령을 든 포스터를 사용하기도 했다. 푸틴이 상반신을 벗고 사냥을 하거나 낚시를 하는 모습을 자주 노출시키는 것도 장기집권의 피로감을 없애고 강한 이미지를 주기 위함이다.

정치는 시장과 마찬가지로 자원을 분배하는 속성을 가지고 있기 때문에, 더 많은 자원을 분배받기 위해 뇌물을 제공하려는 유혹이 있을 수 있다. 또, 역대 한국의 대통령이 대통령 자신이나 친인척 및 측근의 비리로부터 자유롭지 못했던 것에서 볼 수 있듯이 공직자 자신이나 자신의 친인척 및 측근은 수많은 불법 로비에 노출될 가능성이 높다. 불법 로비들을 이기고 공명정대한 정책을 만들 후보를 찾기 위해 유권자는 후보의 도덕성을 검증한다.

정치인이 유권자와 소통하는 수단은 '말'이며, '말'을 통해 다른 정치인들이나 국민의 행동을 변화시킬 수 있기 때문에 의사소통능력의 중요성은 더 말할 나위가 없다. 사실 의사소통능력이 부족하다면 당선되기도 어려울 뿐 아니라 당선되고 난 이후에도 좋은 공직자로 남기 어렵다. 위대한 소통가(Great Communicator)로 평가받은 레이건 대통령과 오바마 대통령이 2차 대전 이후 미국정치사에서 가장 높은 지지율로 퇴임한 대통령인 것도 이 때문이라고 할 수 있다.

선출직 공직자는 국민을 대신해 어려운 결정을 해야 한다. 지출의 우선순위를 결정하는 것은 물론, 공동체의 안위와 번영을 위한 어려운 결정을 해야 한다. 국민들의 환영을 받는 결정만 내릴 수 없고, 국민들의 희생을 호소하는 어려운 결정도 내려야 한다. 가장 나쁜 결정은 결정하지 않는 것이라는 말처럼 지도자가 우유부단해서 결정하지 않는다면 그 공동체의 운명은 선장이 없는 배와 같다고 할 수 있다. 따라서 과연 어느 후보가 어려운 결정을 내릴 수 있을지 유권자들은 살펴본다.

후보들의 자질을 평가하는 것은 어려운 일이다. 선거 때의 모습과 당선된 이후의 모습이 달라지기도 하기 때문에 더욱 어렵다. 그럼에도 비교적 잘 판단하는 방법은 선거 때 후보가 연출하는 모습을 보고 판단하는 것이 아니라 후보들이 어떤 삶을 살아왔는지를 살펴 보는 것이다. 범법행위는 없었는지, 도덕적 문제는 없었는지, 세금은 제대로 납부했는지, 정책적인 오판은 없었는지, 정직하게 다른 사람들을 배려하는 삶을 살아왔는지 등을 살펴 보면 훨씬 후보의 자질을 정확하게 판단하게 된다.

2) 선거환경

① 외교안보환경

　선거가 있는 해의 정치경제환경과 외교안보환경도 선거에 영향을 미치는데, 분단이라는 특수한 현실 때문에 한국 선거는 외교안보환경이 선거에 미치는 영향이 상당히 큰 편이다. 외교안보환경 중 북한과 관련된 이슈를 '북풍'이라고 부르기도 하는데, 소위 북풍이 선거에 영향을 미친 대표적인 예로는 1987년 대통령선거를 앞두고 발생한 대한항공 폭파사건과 2018년 지방선거를 앞두고 있었던 남북정상회담 및 미북정상회담을 들 수 있다.

　북풍은 냉풍과 온풍으로 나눌 수 있는데, 대한항공 폭파나 천안함 폭침은 남북 간의 긴장이 고조된 냉풍에 해당한다면, 1,2,3차 남북정상회담이나 북미정상회담은 긴장완화의 움직임을 보인 온풍에 해당한다고 할 수 있다. 냉풍이든 온풍이든 북풍이 항상 선거결과에 영향을 준 것은 아니다.

　87년 대한항공 폭파사건은 국민들의 안정희구 심리가 가중시켜 노태우 후보에게 유리하게 작용하면서 북풍의 신화를 만들었지만, 1,2차 남북정상회담은 선거에 별다른 영향이 없었다. 또, 천안함 폭침의 경우에는 보수여당의 한 의원이 이제 선거운동을 하지 않아도 이긴다고 말한 이후 역풍이 불어서 보수여당에 오히려 불리하게 작용하기도 했다.

　그러나 3차 남북정상회담에 연이은 북미회담은 또 달랐다. 북미회담이라는 무게감도 달랐을 뿐 아니라 선거 바로 전날에 열려서 언론의 관심을 독차지했다. 줄어든 선거보도로 후보와 공약을 잘 알 수 없었던 유권자들은 후보나 정책이 아니라 정당을 보고 투표하는 결과를 낳았고 이는 여당에게 압도적으로 유리하게 작용했다.

결국 외교안보환경이 선거에 영향을 미치는 정도는 사건의 중대함이 어느 정도인지, 선거와 얼마나 가까운 시기에 발생했는지, 그리고 그 사건에 대한 정치인들과 정당의 태도는 어떠했는지가 종합적으로 영향을 미친다.

② 경제환경

경제환경 역시 중요하다. 경제가 호황기이면 집권당에게 유리하지만, 그렇지 않으면 야당에게 유리한 환경이 되는 경향이 있다. 경제환경이 중요했던 대표적인 선거로는 신익희 후보가 '못 살겠다 갈아 보자'고 외쳤던 1956년 대통령선거, IMF 구제금융 이후 실시된 1997년 대통령선거를 들 수 있다.

1956년 대선에서는 신익희 후보가 유세 중 사망함에 따라 갈아볼 수 있는 기회를 가지지 못했지만, 1997년 대선에서는 최초로 평화적 정권교체가 이루어지게 된다.

외국 선거에서도 경제환경은 상당히 중요한데, 심각한 스태그플레이션 와중에 실시된 1980년 미국 대통령선거에서 야당 후보인 레이건 후보는 "투표장에 들어가기 전에 당신이 4년 전보다 잘 살고 있는지(Are you better off) 생각해 보고 누굴 찍을지 결정하라"고 주장했다. 레이건은 이란인질사태와 더불어 경제불황 속에서 손쉽게 승리할 수 있었다.

또, 1992년 대선에서 아칸소 주 출신의 인지도 낮은 빌 클린턴 후보가 소련과 동유럽의 공산체제 붕괴와 걸프전 승리로 높은 지지율을 누리던 부시 대통령을 꺾고 승리할 수 있었던 것도 미국의 경제문제를 이슈화하는 데 성공했기 때문이다.

'바보야 문제는 경제야' (It's the economy, stupid)는 당시 클린턴의 대표적인 선거 구호였다.

③ 정치환경

정당 간의 이합집산이나 새로운 정당의 출현과 소멸과 같은 정당체계의 변화는 물론, 대통령의 지지율과 선거를 앞두고 이루어지는 정당간의 연대 및 후보단일화도 선거에 큰 영향을 미친다. 먼저 선거연대의 중요성을 살펴 보면, 민주화 이후 한국선거에 가장 큰 영향을 미친 요인을 꼽는다면 단연 선거연대라고 할 수 있을 정도로 선거연대는 선거결과에 큰 영향을 미친다. 이는 선거연대가 선거구도에 영향을 미치기 때문이다. 선거가 양자구도인지 삼자구도인지, 여권이 분열되었는지 아니면 야권이 분열되었는지, 또는 후보 간에 단일화가 이루어졌는지의 여부에 의해 선거결과는 크게 영향을 받는다.

민주화 이후 첫 대선인 1987년 대선에서 민주화 진영의 반발에도 불구하고 민주화를 이끌었던 김영삼, 김대중 후보가 모두 출마했고, 그 결과 군부정권의 후신인 노태우 후보가 당선되었다. 1987년 대선은 체육관 선거에서 벗어나 15년 만에 처음으로 국민이 직접 대통령을 선출한 선거일 뿐 아니라 선거구도의 중요성을 일깨운 선거였다. 그 결과 1992년 대선을 앞두고는 3당 합당이 있었고, 1997년 대선에서는 DJP연대, 2002년 대선에서는 노무현 후보와 정몽준 후보 간의 단일화가 있었다.

　1987년 대선에서 김영삼 후보가 634만 표, 김대중 후보가 611만 표를 얻어 두 후보의 표 차이는 23만 표에 지나지 않았다. 그러나 3당 합당을 한 김영삼 후보는 1992년 대선에서는 998만 표를 얻어 804만 표를 얻은 김대중 후보를 184만 표 차이로 승리할 수 있었다. 3당 합당의 위력이 확인되는 순간이었다. 김대중 후보는 다시 1997년 대선에서 1,032만 표를 얻어서 5년 전 대선에서 얻은 표보다 228만 표를 더 받는 데 성공했는데, 이 역시 DJP연합의 위력이 드러난 것이라고 할 수 있다.

　2002년 대선에서 노무현 후보도 선거연대의 효과를 봤다. 후보로 결정된 이후 오히려 지지율이 하락해 대선 패배가 명확해 보이자 당내에서는 후보교체론이 비등했다. 이러한 가운데 노무현 후보는 2002년 월드컵의 성공적 개최로 주가를 올리고 있던 정몽준 후보에게 단일화를 제안했다. 단일화 여론조사에서 승리한 노무현 후보는 지지율이 급상승했다. 비록 투표일 하루 전에 정몽준 후보가 단일화 철회를 했지만, 지지율 상승세를 타던 노무현 후보의 승리를 막지 못했다.

　2007년 대선은 양자구도였기 때문에 단일화가 없었지만, 2012년 대선에서는 다시 안철수 후보가 사퇴함에 따라 3자구도에서 양자구도가 되었다. 안철수 후보는 사퇴 이후 문재인 후보를 위해 선거운동에 나섰지만, 지지율 3등을 달리던 문재인 후보가 1등을 하는 것은 쉽지 않은 일이었다. 2017년 대선은 87년 대선 이후 30년 만에 처음으로 후보단일화가 없는 선거였고, 그 결과 선거의 이변은 없었다.

선거구도의 중요성은 국회의원선거나 지방선거에서도 마찬가지다. 가장 극단적인 예를 든다면, 여권이 분열했던 2006년 지방선거와 야권이 분열했던 2018년 지방선거를 들 수 있다. 2006년 광역단체장 선거에서 여당인 열린우리당은 단 1곳에서 승리하는 데 그쳤고 열린우리당과 같은 뿌리를 지닌 민주당은 2곳에서 승리한 반면, 야당인 한나라당은 14곳에서 승리했다. 2018년은 정반대다. 이번에는 야권이 분열해 대구, 경북, 제주를 제외한 14곳에서 여당인 더불어민주당이 승리했다.

대통령제 국가에서는 대통령의 지지율과 대통령이 당선된 지 얼마나 되었는가 하는 것도 중요한 정치환경이 된다. 일반적으로 대통령의 지지율이 높은 가운데 선거가 있으면 대통령후광효과(coattail effect)로 대통령이 소속된 정당이 승리할 가능성이 높다.

대통령이 당선된 지 얼마 되지 않으면 유권자들은 대통령에게 기회를 주자는 생각을 하게 되지만, 대통령이 당선된 지 2년쯤 지나면 그동안 무엇을 했는가라고 책임을 묻는 경향이 있다. 이 때문에 대통령의 임기 초에 있는 선거에서는 대통령이 소속된 정당이 승리할 가능성이 크지만, 대통령의 임기가 중반 이후 치러지는 선거에서는 대통령이 소속된 정당이 의석을 잃게 될 가능성이 큰데, 이를 중간선거효과(midterm effect)라고 한다.

3) 선거이슈와 공약

경제성장과 일자리 창출은 어떻게 할 것인가? 경제양극화의 해소는 어떻게 할 것인가? 적정한 세금수준은 무엇인가? 미국, 북한, 중국, 일본 등과의 관계는 어떻게 할 것인가? 바람직한 복지수준은 무엇인가? 어떻게 정치개혁을 할 것인가? 균형발전을 어떻게 이룰 것인가? 이러한 이슈들이 한국 사회가 직면하고 있는 대표적인 이슈인데, 선거환경에 따라 특정이슈가 더 스포트라이트를 받기도 한다.

대표적으로 1997년 대선은 IMF 구제금융 위기 속에서 치러졌기 때문에 경제이슈가 중요했다. 또 두 중학생 소녀가 주한미군 장갑차에 의해 사망한 사건이 발생한 이후 2002년 대선이 치러졌기 때문에 한미동맹의 바람직한 방향은 무엇인가라는 외교안보 이슈가 중요한 선거이슈가 되었다. 2010년 지방선거를 앞두고 천안함 폭침사건이 일어나자 사건의 발생 원인은 무엇인지, 정부가 적절하게 대응했는지 혹은 정부가 선거에 이용하는 것은 아닌지를 두고 선거이슈가 만들어졌다.

선거환경으로부터 자연스럽게 선거이슈가 만들어지는 것이 아니라 후보의 공약에 의해서 선거이슈가 만들어지는 경우도 있다. 2002년 대선에서 수도이전문제가 이슈화된 것은 노무현 후보의 공약에 의해서였다. 노무현 후보는 국토의 균형발전이라는 기치 아래 수도이전 공약을 제시했는데, 여기에는 충청권의 표심을 잡겠다는 전략적 계산이 있었다.

이회창 후보도 적극적으로 대응해 수도이전이 되는 경우 서울은 정치, 경제적으로 후퇴할 것이라고 강조했다. 서울의 인구가 더 많기 때문에 서울을 승리의 발판으로 만들겠다는 계산이 있었던 것이다. 두 후보가 모두 적극적으로 찬반 논쟁을 벌였기 때문에 수도이전 이슈가 선거 막판의 가장 중요한 쟁점으로 등장했다. 선거결과는 노무현 후보가 충청권에서 10.56% 승리한 것은 물론, 서울에서 6.35% 승리했다. 지역발전을 바라는 충청권 민심의 결집은 강했던 것에 반해, 서울 유권자들은 수도이전이 가지고 올 부정적 효과에 덜 주목했던 것으로 보인다.

2007년 대선에서는 한반도운하가 주요 이슈가 되었다. 서울시장으로 청계천을 복원해 인기가 높아진 이명박 후보는 4대강 복원을 대표공약으로 내세우며 개발과 성장의 이미지를 득표전략으로 삼았다. 이명박 후보는 물 부족 국가이기 때문에 수자원의 개발과 보존이 필요하며, 관광산업의 기반도 만들 수 있다고 주장했다. 이에 대해 당내 경선의 경쟁자였던 박근혜 후보나 본선 경쟁자인 정동영 후보는 4대강 개발은 한반도운하를 위한 사업이며, 한반도운하는 경제성이 없을 뿐 아니라 환경을 훼손할 것이라는 공격을 가했다. 4대강을 두고 논쟁이 뜨거웠던 것에 반해, 승부는 쉽게 났다. 진보정권 10년에 대한 피로감을 바탕으로 이명박 후보는 정동영 후보에게 5백만 표 이상의 차이로 승리했다.

2010년 지방선거에서는 무상급식이 주요 이슈가 되었다. 민주당은 아이들 밥 먹는데 차별이 있어서는 안 된다며 보편적 무상급식을 주장했고, 한나라당은 이건희 손자까지 무상급식을 해야 하느냐며 선별적 무상급식을 주장했다. 무상급식 이슈는 한국 선거에서 처음으로 복지관련 이슈가 치열한 찬반토론을 거쳤다는 의미가 있는데, 2010년 지방선거에서 민주당이 선전하자 보편적 복지에 대한 국민의 지지가 더 높은 것으로 해석되었다. 이로 인해 한국 선거의 주요 공약에는 무상시리즈 혹은 복지와 관련된 이슈가 넘쳐나게 되었다.

공약(公約)은 공약(空約)이라는 말처럼 공약이 유권자의 시선을 끌기는 쉽지 않은 게 현실이다. 그러나 공약 중에서는 위의 예에서 보듯이 핫한 선거이슈가 되는 경우도 있는데, 공약을 이슈화에 성공한다면 후보로서는 상당히 성공적인 선거운동을 했다고 할 수 있다. 부정적인 이슈화로 인해 역풍에 시달리는 경우도 없지는 않지만, 일반적으로 후보의 공약이 이슈화되면 후보에겐 도움이 되는 것으로 나타나고 있다.

선거공약에는 유권자의 회고적 투표를 유도하는 공약과 유권자의 전망적 투표를 유도하는 공약이 있다. 회고투표는 말 그대로 되돌아 보고 하는 투표라고 할 수 있는데, 현직에 있는 공직자의 업무수행을 판단해 보고 하는 투표다. 이에 반해 전망투표는 후보들이 만들 미래를 예측해 보고 하는 투표다.

현 정부를 심판하는 회고투표를 유도하기 위한 공약으로는 대표적으로 1997년 대선에서 김대중 후보가 내세웠던 IMF를 극복하겠다는 공약이나 2017년 대선에서 문재인 후보가 내세웠던 적폐청산 공약을 들 수 있다. 모두 현 정부의 실정에 대한 유권자의 심판을 유도하기 위한 공약이다.

전망투표는 후보가 당선되는 경우 만들어갈 미래가 어떠할지 예측내지 상상해 보고 하는 투표인데, 2007년 대선에서 이명박 후보가 연평균 60만 개의 일자리와 7%의 경제성장률을 공약한 것은 전망투표를 유도하기 위한 것이라고 할 수 있다. 물론, 국민들이 60만 개의 일자리 창출과 7% 경제성장률이라는 수치 그 자체를 믿었다고 보기는 어렵지만, 이명박 후보가 경제성장을 가능하게 하리라고 기대했던 것은 사실이고, 이러한 유권자의 전망투표가 이명박 후보에게 도움을 주었다.

4) 유권자 이념분포와 선거예측

2004년 국회의원선거에서 열린우리당이 압승을 하고 2008년 국회의원선거에서 한나라당이 압승을 한 것은 유권자의 이념분포가 2004년에는 진보층이 가장 두텁고 2008년에는 보수층이 가장 두터웠던 것과 관계가 있는데, 여기서는 유권자의 이념분포가 선거결과에 미치는 영향을 좀 더 자세히 살펴보고자 한다.

먼저 유권자가 혈연, 지연 등과 같은 각종 인연에 따라서 투표를 하는 것이 아니라 자신의 이념성향과 가까운 후보에게 투표한다고 가정해 보자. 그리고 두 명의 후보가 있고, 모든 유권자가 투표를 한다고 가정할 때 유권자의 이념분포에 따라 당선자가 달라질 수 있다.

① 정규분포형 유권자 이념분포

<그림 4-3>과 같이 유권자의 이념분포가 정규분포이고, 중위값은 M이라고 가정해 보자. A와 B 두 후보가 경쟁한다고 하면, A후보가 얻는 표는 A후보의 이념성향보다 왼쪽에 있는 표(a1)와 더불어 A와 B의 중간값((A+B)/2)의 왼쪽에 있는 표(a2)를 얻는다. 다시 말해 A후보는 a1 + a2 만큼의 표를 얻게 된다. 이에 반해 B후보는 B후보의 이념성향이 위치하는 점으로부터 오른쪽에 있는 모든 표를 얻고(b1), 이에 더해 A와 B의 중간값((A+B)/2) 오른쪽에 있는 표(b2)를 얻게 된다. A가 얻은 표(a1+a2)가 B가 얻은 표(b1+b2)보다 많으므로 A가 당

선될 것임을 예측할 수 있다.

A = a1+a2
B = b1+b2
a1+a2 > b1+b2
∴ A 당선

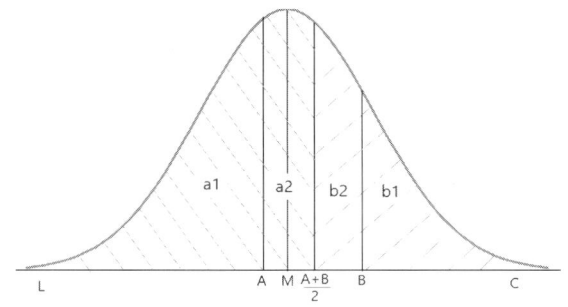

〈그림 4-3〉 정규분포형 유권자 이념분포와 당선자 예측

이렇게 어느 후보가 표를 얼마나 받을지 계산하지 않아도 누가 당선될지는 쉽게 알 수 있는 방법이 있다. 유권자의 이념분포가 정규분포이면, 중위값 M에 가까운 후보가 당선된다. 후보들도 이 사실을 알고 있기 때문에 선거 때만 되면 서로 자신이 중도에 가깝다고 주장하기도 한다. 예를 들어 97년 대선에서 김대중 후보는 자신의 이념성향을 중도진보라고 했고, 2007년 대선에서 이명박 후보는 중도실용이라고 주장했다. 2012년 대선에서 박근혜 후보는 중도라는 표현을 사용하지는 않았지만 2007년 대선에서 주장했던 '원칙 있는 보수'라는 표현을 더 이상 사용하지 않았다. 그러나 굳이 예를 들지 않

아도 선거가 끝나고 나면 자신의 원래 이념성향으로 돌아가는 경향이 있기 때문에 유권자는 선거 때 후보가 주장하는 이념성향과 정책적 입장이 진실 된 것인지 꼼꼼하게 살펴보아야 한다.

② 비정규형 유권자 이념분포

유권자의 이념분포가 정규분포가 아니라면 상황은 달라진다. <그림 4-4>와 같이 진보가 두터운 이념분포를 보인다면 중위값 M에 가까운 B후보가 당선되는 것이 아니라 A후보가 당선된다.

<그림 4-5>와 같이 보수가 두터운 이념분포를 보인다면, 마찬가지로 중위값 M에 가까운 A후보가 당선되는 것이 아니라 보수 쪽으로 치우쳐 있는 B후보가 당선된다.

만약에 유권자의 이념분포가 봉우리가 하나인 분포를 보이는 것이 아니라 <그림 4-6>과 같이 봉우리가 두 개인 분열된 사회라면 두 후보는 중도로 가까이 와서 보다 많은 득표를 하겠다는 전략을 세우기보다는 최대한 자신이 속해 있는 진영의 유권자가 모두 투표장에 가도록 만드는 전략을 쓸 가능성이 높다. 다시 말해 자기 진영의 유권자가 모두 투표장에 가도록 만들기 위해서는 상대후보가 당선되면 나라가 망할 것과 같은 공포를 불러일으키는 선거운동을 할 가능성이 높고, 집권 이후에도 다수의 국민보다는 자신의 진영을 최대한 만족시키는 정책을 펼 가능성이 높다고 할 수 있다. 결국 누가 당선되는가는 유권자의 분포에 영향을 많이 받는다고 할 수 있다.

〈그림 4-4〉 진보가 두터운 유권자 이념분포와 당선자 예측

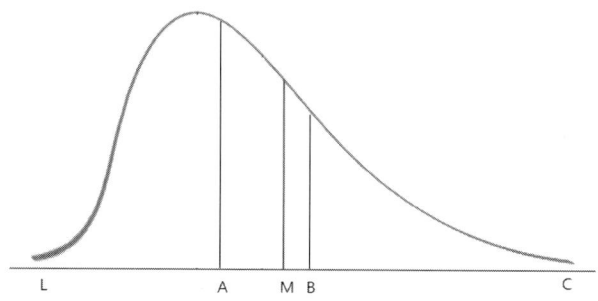

〈그림 4-5〉 보수가 두터운 유권자 이념분포와 당선자 예측

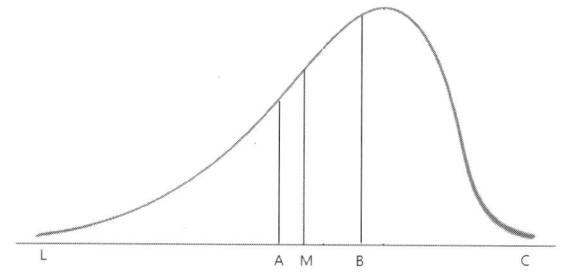

〈그림 4-6〉 쌍봉형 유권자 이념분포와 당선자 예측

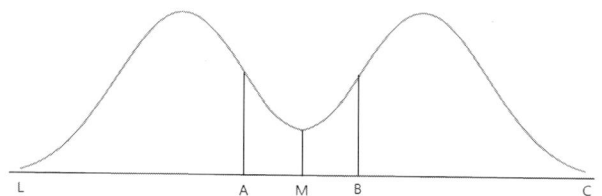

③ 당내경선의 이념분포

민주사회의 공직선거 후보는 사실 2번의 선거에 임해야 한다. 먼저 당내경선에서 이겨야 본선에 출마할 수 있고, 본선에서 이겨야 선출직 공직자가 된다. 일부 후보들은 당내에는 경쟁자가 없거나 정당의 전략공천으로 무경선으로 후보가 되기도 하지만, 대부분의 후보들은 당내경선을 통과해야 본선에 나갈 수 있게 된다.

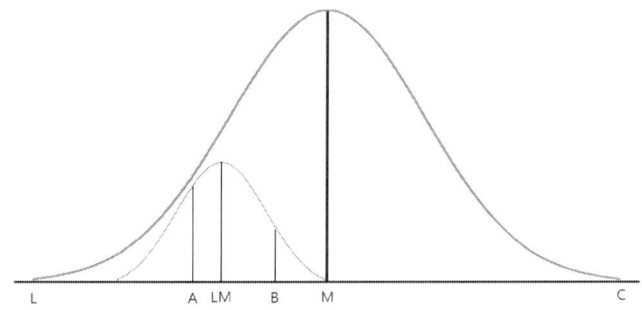

〈그림 4-7〉 진보정당의 당내경선에서의 당선자 예측

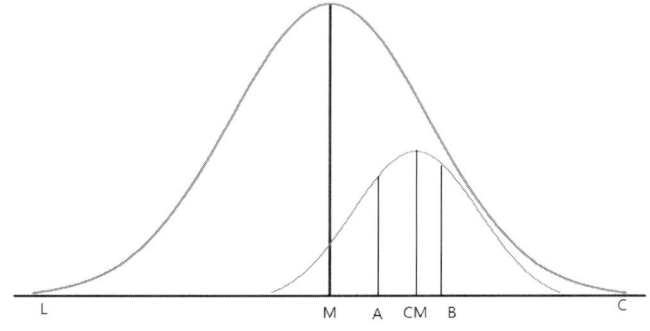

〈그림 4-8〉 보수정당의 당내경선에서의 당선자 예측

<그림 4-7>은 진보정당에서 당원들에게만 투표권을 주는 경선을 하는 것을 상정한 것이다. 당내경선에 참여하는 진보유권자의 분포가 작은 포물선과 같고, A후보와 B후보가 진보정당의 당내경선에 나선다고 가정해 보자. 본선을 기준으로 본다면 B후보가 훨씬 경쟁력이 있지만, 당내 경선에 참여하는 진보유권자 분포, 즉 작은 포물선의 중도에 가까운 A후보가 승리할 것이다.

<그림 4-8>은 보수정당에서 당원뿐만 아니라 일반 국민에게도 투표권을 주는 당내경선을 상정한 것이다. 경선에 참여한 유권자의 이념분포는 당원만 참여하는 이념분포보다는 이념의 폭이 넓어지기 때문에 <그림 4-7>의 작은 포물선보다 <그림 4-8>의 작은 포물선이 좀 더 넓어진 것을 볼 수 있다. 이러한 경우에 A후보와 B후보가 경쟁한다면 경선에 참여한 유권자의 중도에 가까운 B후보가 승리할 것이다.

<그림 4-7>과 <그림 4-8>로부터 다음의 결론을 추론할 수 있다. 첫째, 후보경선에서 승리하는 후보는 경선에 참여하는 유권자의 중위값에 가까운 후보가 승리한다. 다시 말하면 본선경쟁력이 높은 후보라도 경선에 참여하는 유권자가 이념성이 짙다면 후보경선에서 질 수 있다는 의미다.

둘째, 이렇게 정당의 당내경선을 거쳐서 정당의 후보가 결정되기 때문에 본선에서 중도에 가까워지는 것이 선거에서 유리함을 알고 있어도 완전히 중도로 가지 못한다. 경선에서의 입장과 본선에서의 입장이 지나치게 달라지면 유권자들의 비난이 커질 수 있기 때문이다.

셋째, 본선에서 후보들이 중도 쪽으로 일부 입장을 조정하지만 경선 때와 크게 입장을 바꿀 수는 없기 때문에, 후보들의 공약이 비슷한 듯해도 차이가 있게 되는 것이다. 미국과 같은 양당제 국가에서 정당간 정책적 입장이 비슷한 듯해도 차이가 있는 이유는 바로 당내 경선과 본선이라는 두 번의 선거에서 찾을 수 있다.

넷째, <그림 4-7>과 <그림 4-8>에서 보듯이 후보경선 제도에 따라서 경선에서 승리하는 후보가 달라질 것이다. 경선에 참여하는 유권자의 자격을 당원이나 대의원, 혹은 당비를 몇 년 이상 납부한 당원 등과 같이 폐쇄적으로 규정할수록 이념성이 짙거나 당직을 오래 맡은 후보가 당내경선에서 승리할 가능성이 높아진다. 그러나 국민경선과 같이 개방적인 경선일수록 중도에 가까운 후보가 당선될 가능성이 크다.

또, 누구나 경선에 참여해서 투표를 할 수 있는 개방적인 경선일수록 당내에 지분이 크지 않은 후보가 승리하기에 용이하다. 2006년 한나라당 서울시장 경선에서 초선의원을 지내고 정계은퇴 했다 돌아온 오세훈 후보는 대의원, 당원이 참여한 현장투표에서는 1,343표를 얻어 1,443표를 얻은 3선의원인 맹형규 후보에게 뒤졌다. 그러나 여론조사에서 62.05%를 얻어 여론조사에서 17.03%를 얻은 맹형규 후보를 물리치고 서울시장 후보가 되었는데,[1] 이는 폐쇄적인 경선일수록 당내지분이 큰 후보가 유리한 것에 반해, 개방적인 경선일수록 당내지분이 적은 후보도 선전할 수 있음을 보여준다.

---

1) 중앙일보. "한나라당 서울시장 후보 오세훈 확정," 2006.4.26.

5) 투표율과 선거예측

앞에서 다룬 유권자의 분포가 선거에 미치는 영향에 대한 논의는 모든 유권자가 투표한다는 가정 아래 이뤄진 것이다. 그런데 만약 모든 유권자가 투표하지 않으면 어떻게 될지 생각해 보자. 실제로 민주화 이후 첫 대통령선거인 1987년 대통령선거에서는 89.2%의 투표율을 기록했지만, 그 이후 투표율이 점점 낮아져 70%대의 투표율을 보이고 있다. 국회의원선거도 마찬가지다. 민주화 이후 첫 국회의원선거인 1988년 선거에서는 75.8%가 투표하지만, 그 이후 투표율은 점점 떨어져 보통 60%대의 투표율을 보이고 있다. 이렇게 투표율이 100%가 아니기 때문에 실제의 유권자 분포와 투표하는 유권자 분포는 달라질 수 있는데, 투표율이 선거결과에 미치는 영향을 살펴본다.

① 중도성향 유권자의 투표율이 낮은 경우

<그림 4-9>는 중도성향의 유권자들 중 상당수가 '나는 정치에 관심도 없고, 누가 당선되어도 상관없어'라고 생각하며 투표를 하지 않는 경우다. 이렇게 중도성향 유권자들이 투표하지 않는다면, 실제 유권자분포는 점선과 같이 정규분포라고 할지라도 투표하는 유권자의 분포는 실선과 같이 봉우리가 두 개인 쌍봉형이 된다. 위에서 본 것처럼 정치인들은 유권자의 분포가 쌍봉형이라고 하면 중도에 있는 유권자들을 대표해야 할 필요성을 느끼지 못하고 자신의 진영에 있는 유권자들만을 위한 정치를 해 결국 정치의 양극화가 발생하게 된다.

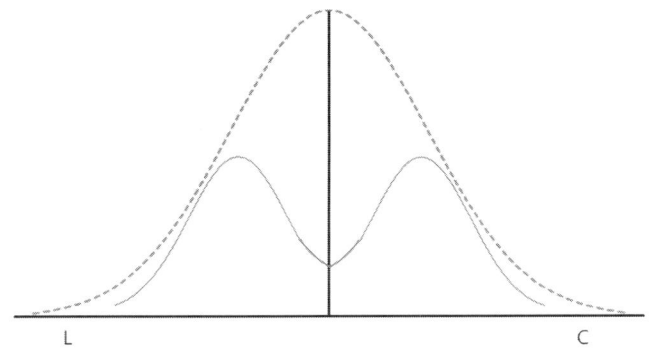

〈그림 4-9〉 중도성향 유권자의 투표율이 낮은 경우

② 진보나 보수, 어느 한쪽의 투표율이 낮은 경우

만약 <그림 4-10>과 같이 진보성향의 유권자가 대거 투표를 하지 않는다면, 실제 국민의 성향은 점선과 같은 정규분포라고 할지라도 투표하는 국민의 성향은 실선과 같이 보수가 많아지고, 결과적으로 보수성향의 후보가 당선될 가능성이 크다.

반대로 <그림 4-11>와 같이 실제 국민의 성향은 점선과 같이 정규분포라고 할지라도 투표하는 국민은 실선과 같이 진보가 압도적으로 많다면, 선거결과는 진보성향의 후보가 당선될 가능성이 크다.

2002년 대선 이후부터 젊은 세대가 진보성향을, 노인세대가 보수성향을 보이고 있는데, 젊은 세대의 투표율이 노인세대보다 낮은 것으로 나타나고 있다. 이 때문에 <그림 4-10>처럼 실제 국민의 분포보다 투표하는 국민의 이념성향은 보수가 두터웠고, 이는 보수후보의 당선에 도움이 되었다. 그러나 2004년 국회의원선거, 2010년 지방선거, 2016년 국회의원선거와 같이 젊은 세대의 투표율이 높은 선거에서는 진보정당이 선전했다.

〈그림 4-10〉 진보성향 유권자의 투표율이 낮을 때

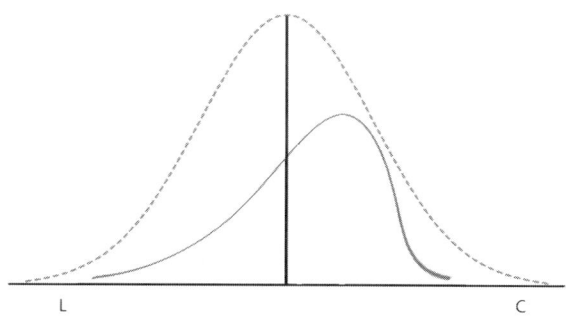

〈그림 4-11〉 보수성향 유권자의 투표율이 낮을 때

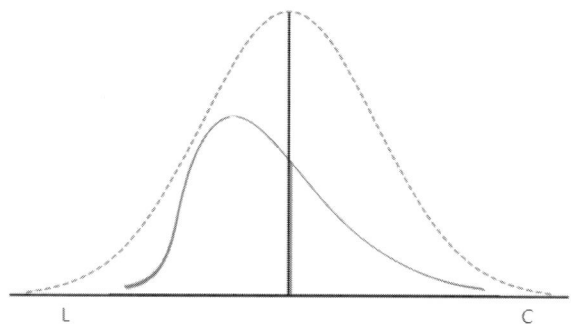

사전투표제도의 도입 이전에는 주민등록주소와 실제 거주주소가 다른 유권자는 사전에 부재자신고를 하고 부재자투표를 하거나 아니면 선거일에 주민등록주소로 가서 투표를 해야 했다. 일반적으로 젊은 세대가 학교나 직장 등으로 주민등록주소와 거주주소가 다른 경향이 높아서 제도적으로 젊은 세대가 투표하기 어려웠던 것이다. 그러나 사전투표제의 도입은 젊은 세대의 투표장벽을 낮추었고, 그런 만큼 젊은 세대의 투표율이 과거보다 증가될 것으로 기대된다.

흔히 정치인은 전체 국민을 대변하는 것이 아니라 투표하는 국민을 대변한다고 하는데, 이는 누가 투표하는가에 따라서 당선되는 후보의 이념성향이 달라질 수 있고, 결과적으로 정책도 달라질 수 있기 때문이다.

어떻게 투표하나?

왜 유권자가 특정후보나 특정정당에게 투표하는가를 설명하는 대표적인 이론은 집단정체성에 기반한 사회학적 이론과 자신과 가장 정책적, 이념적 입장이 비슷한 후보에게 투표한다는 합리적 선택이론이다. 또 유권자는 자기가 가장 지지하거나 좋아하는 후보에게만 투표하는 진심투표만 하는 것이 아니라 때로는 가장 싫어하는 후보가 당선되는 것을 막기 위해 덜 싫어하는 후보에게 투표하는 전략투표를 하기도 한다. 국회의원선거나 지방선거와 같이 유권자가 여러 표를 행사할 수 있을 때는 한 정당후보들에게 몰아주는 일괄투표를 하기도 하고, 다른 정당후보에게 표를 나눠주는 분할투표를 하기도 한다.

1) 사회적 정체성(social identity) 투표와 합리적 선택(rational choice)

사람은 태어나서부터 다양한 집단에 속하게 된다. 가족, 지역사회, 또래집단, 학교 등에서 자라고, 성장 후에는 자신이 하는 일과 관심 등에 따라 다양한 직능단체나 노동조합, 취미단체 등에 소속하게 된다. 동일한 집단에 소속된 사람들과 교류하면서 구성원들의 정치적 가치를 내재화하게 되고, 이 때문에 비슷한 투표행태를 보인다는 것이 집단정체성 이론이다.

여론조사에서 응답자의 연령, 성별, 소득수준, 교육수준, 거주형태, 직업, 거주지 등을 함께 조사하는 이유도 집단정체성 이론에 기반한 것인데, 어느 집단에 소속되어 있는지를 보면 어느 정당을 지지할지 예측할 수 있다는 전제가 깔려 있는 것이다.

물론, 모든 사람이 자신이 속해 있는 집단과 완벽하게 동일한 투표를 하는 것은 아니다. 사람은 단 하나의 집단에만 소속되어 있는 것이 아니라 다양한 집단에 소속되어 있는데, 각 집단으로부터 다양한 정치적 가치를 접할 수 있기 때문이다. 또한 인터넷 시대에는 인구학적 특징을 뛰어넘는 다양한 커뮤니티에서 정치정보와 가치를 접하기 때문에 전통적 집단정체성의 중요성이 줄어들고 있다.

합리적 선택이론은 유권자가 자신의 입장과 가장 가까워서 자신에게 가장 큰 혜택을 줄 정당이나 후보를 선택한다는 것이다. 합리적 선택이론은 다음과 같은 가정을 바탕으로 하는데, 유권자가 이슈에 대해 알고 있을 뿐 아니라 어느 정당이나 후보의 입장이 가장 자신의 입장과 가깝거나 자신에게 이익을 줄지 알고 있다는 것이다. 또, 그런 판단을 바탕으로 자신의 입장과 가장 가깝거나 혜택을 줄 후보에게 투표한다는 것이다.

이러한 합리적 선택이론은 경제학에서 시작된 것으로, 인간은 자신의 효용을 최대화하기 위해서 비용대비 혜택이 가장 큰 것을 선택한다는 것이다. 이에 대해 소비자가 어느 것이 더 큰 효용을 줄지 알지 못할 뿐 아니라 꼭 비용과 혜택을 따져서 선택하는 것도 아니라는 비판이 제기되어 왔다. 이에 대해 고전적 경제학자들은 가정이 현실세계에 부합하느냐 여부를 보지 말고, 합리적 선택이론의 예측력을 보라고 주장한다.

유권자 선택에 있어서도 마찬가지다. 이슈를 모를 뿐 아니라, 또 어느 후보나 정당의 입장이 자신과 가까운지, 혹은 자신에게 더 큰 혜택을 가져다줄지 모르는 유권자가 상당하다는 비판이 제기될 수 있다. 그러나 유권자의 합리적 선택을 가정하기 때문에 앞에서 보았던 것과 같이 유권자의 이념분포에 따라 당선자를 예측할 수 있는 것이다.

2) **진심투표**(sincere vote)**와 전략투표**(strategic vote)

앞에서 본 것처럼 유권자의 선호는 사회적 정체성을 바탕으로 한 것일 수도 있고, 또 합리적 선택을 바탕으로 한 것일 수도 있다. 무엇을 바탕으로 만들어진 유권자의 선호이든 유권자가 자신의 선호에 따라서 하는 투표를 진심투표라고 한다. 다시 말해 유권자 자신이 가장 지지하거나 좋아하는 후보에게 투표하는 것을 진심투표라고 한다.

그러나 1인선거구 최다득표제 아래에서 자신이 선호하는 후보의 당선가능성이 낮으면 유권자는 고민에 빠진다. 당선 가능성이 낮은 후보에게 진심투표를 하면, 자신의 표가 사표가 될 가능성이 높을 뿐 아니라 자신이 가장 선호하지 않는 후보가 당선될 수 있기 때문이다. 이러한 상황에서 유권자는 최선의 후보가 아니라 차선 후보를 선택해 자신의 표가 사표가 될 가능성을 줄이고 최악 후보가 당선되는 것을 막고자 하는데, 이를 전략투표라고 한다.

권영길, 심상정 등 역대 대통령선거에서 군소후보들은 여론조사에서 나오던 득표율보다 실제 득표율이 작은 것으로 나타나는데, 이는 군소정당 지지자들의 일부가 전략투표를 했기 때문이다. 전략투표는 사표가 많은 1인선거구 최다득표제에서 발생하는 경향이 있으며, 비례대표제에서는 군소정당도 득표수에 비례해 의석을 배분받기 때문에 전략투표는 거의 발생하지 않는다.

3) 일괄투표(straight ticket voting)와 분할투표(split ticket voting)

유권자가 여러 표를 행사할 수 있는 경우에 유권자는 자신이 가진 표를 모두 한 정당에 몰아주기도 하고, 또 여러 정당에 나눠주기도 한다. 유권자가 자신이 가진 표를 한 정당에 몰아주는 투표를 일괄투표라고 하는 것에 반해, 여러 정당에 나눠주는 투표를 분할투표라고 한다.

2016년 국회의원선거에서 각 정당별 지역구 의석수를 보면 더불어민주당이 110석을 얻어 가장 많은 의석을 얻었고 새누리당이 105석, 국민의당이 25석을 얻었다. 그러나 정당투표를 보면 새누리당이 33.5%를 얻어 17석을 얻은 반면, 지역구 의석수가 가장 많은 더불어민주당은 국민의당이 얻은 26.7%보다도 적은 25.5%를 얻는 데 그쳤다.

지역구 의석수에서 1등을 한 더불어민주당이 정당투표에서는 3등을 한 독특한 현상의 비밀은 분할투표에서 찾을 수 있다. <표 4-12>는 정당투표 대비해 지역구투표에서 일괄투표한 비율과 분할투표를 한 비율을 나타낸다. 먼저 새누리당에 정당투표한 유권자 중에서 새누리당 지역구 후보에게 투표한 유권자는 87.9%다. 다시 말해 전체 유권자 중에서 새누리당에 정당투표와 지역구 후보에 일괄투표한 비율은 새누리당이 얻은 정당득표율 33.5% 중 87.9%인 29.5%다. 이에 반해 전체 투표자 중에서 새누리당에 정당투표하고 지역구에서는 다른 정당 혹은 무소속으로 분할 투표한 비율은 33.5% 중 12.1%로 전체 유권자의 4.1%로 나타나고 있다.

더불어민주당에 정당투표한 25.5%의 유권자 중에서 83.8%는 더불어민주당 지역구 후보에게도 투표한 것으로 나타나고 있다. 다시 말해 전체 투표자의 21.4%는 더불어민주당에 정당투표와 지역구 후보 모두에게 표를 주는 일괄투표를 한 것으로 나타나고 있다. 이에 반해 더불어민주당에 정당투표한 25.5%의 유권자 중에서 다른 정당이나 무소속 후보에게 분할투표한 유권자는 16.3%로, 전체 투표자의 4.2%는 더불어민주당에 정당투표하고 지역구에서는 다른 정당이나 무소속 후보에게 분할투표한 것으로 나타나고 있다.

국민의당은 정당투표에서 26.7%를 얻었는데, 국민의당 지역구 후보에게 투표한 비율은 47.7%에 지나지 않는다. 다시 말해 국민의당에 정당투표한 26.7%의 유권자 중 52.3%는 지역구에서 다른 정당이나 무소속 후보에게 표를 준 것이다. 결국 국민의당에 정당투표와 지역구투표 모두에 표를 몰아준 일괄투표를 한 유권자의 비율은 전체의 12.7%에 지나지 않는 것으로 나타나고 있다. 그러나 국민의당에 정당투표를 하고 다른 정당 후보에게 분할투표를 한 유권자는 전체의 20%에 이르는 것으로 나타난다. 이는 제3당인 국민의 당은 전국적으로 다 지역구 후보를 내지는 못했을 뿐 아니라 국민의 당에 정당투표한 유권자가 자신의 표를 사표로 만들고 싶지 않기 때문에 당선가능성이 높은 후보를 지지했기 때문으로 추정된다.

결국 한나라당에 정당투표하고 지역구는 다른 정당이나 무소속을 선택한 유권자가 전체의 4.1%이고, 더불어민주당에 정당투표하고 지역구는 다른 정당이나 무소속을 선택한 유권자가 전체의 4.2%이며, 국민의당에 정당투표하고 지역구는 다른 정당이나 무소속을 선택한 유권자가 전체의 20%로 나타나고 있다. 한나라당과 더불어민주당, 국민의당에 정당투표한 유권자는 총 85.7%인데, 이 세 정당에 투표하면서 다른 정당이나 무소속 후보로 분할투표한 유권자는 전체의 28.3%에 달하는 것으로 나타나고 있다.

〈표 4-12〉 정당별 정당투표 대비 지역구 후보 투표율

	새누리당	더민주당	국민의당
새누리당(232)	87.9	5.3	1.2
더민주당(245)	6.4	83.8	6
국민의당(235)	19	25.3	47.7

□ 생각하기 □

1. 우리에게 가장 적합한 선거제도는 무엇인지 생각해 보자.

2. 후보요인이 중요했던 선거의 예를 생각해 보자.

3. 후보들의 공약을 찾아보고, 우리 삶의 질을 높일 수 있는 공약은 어떤 것인지 생각해 보자.

4. 후보에게 묻고 싶은 질문이나 후보에게 요구하고 싶은 정보는 무엇인지 생각해 보자.

5. 댓글조작과 같은 여론조작에 휩쓸리지 않기 위한 방법은 무엇인지 생각해 보자.

5
의회와 대통령

의회와 대통령

의회와 대통령은 국민을 대표하는 기관이다. 의회는 구성원이 모두 평등한 회의체 기관인 것에 반해 행정부는 대통령을 수장으로 하는 피라미드 조직이라는 차이점은 있지만, 대통령제 국가의 의회와 대통령은 모두 국민을 대표할 수 있는 정당성을 각각 1/2씩 동일하게 지니고 있다는 점에서 공통점이 있다. 이 때문에 의회와 대통령 중 어느 기관도 국민을 온전히 대표하는 것은 아니며, 또 어느 기관이 다른 기관보다 우월적인 입장에 서서도 안 된다. 다시 말해 의회와 대통령은 누가 국민의 뜻을 더 잘 대표하는지 서로 경쟁하는 관계이지만 어느 쪽도 우위에 설 수 없는 균형을 이루는 관계다. 또, 국민을 뜻을 온전히 대표하기 위해서는 의회와 대통령이 협력해야 가능하지만, 동시에 어느 한 쪽이 국민의 뜻과 멀어지는 것을 막는 견제의 관계이기도 하다.

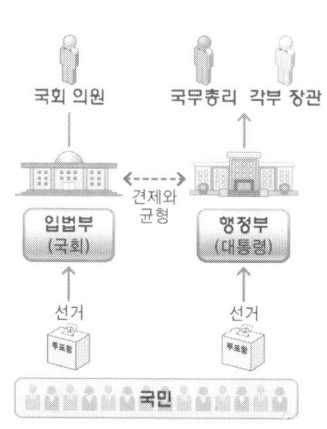

의 회

1. 의회의 기능

정부형태에 따라 의회의 기능은 차이가 있다. 의원내각제(혹은 의회제)는 의회선거 단 한번을 통해 국민을 대표할 수 있는 권한을 의회에 몰아서 위임하고, 권한을 위임받은 의회가 내각을 구성하는 제도인데, 이러한 의회내각제 의회는 내각을 구성하는 것이 가장 중요한 역할이라고 할 수 있다. 의회

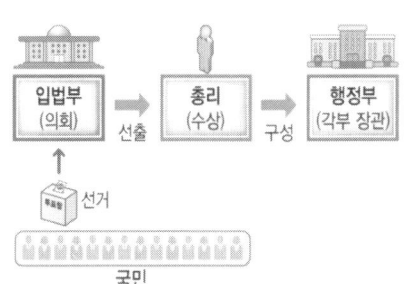

에서의 내각 구성은 다수당 혹은 다수연합(단독과반수 정당이 없는 경우)의 의사에 따라 좌우되기 때문에 다수당 혹은 다수연합의 지도부가 사실상 내각의 지도부가 된다. 이 때문에 내각은 원내 다수당 혹은 다수연합과 함께 입법과 예산을 주도하는 반면, 내각을 구성하지 못한 야당은 행정부를 감시하고 비판하는 기능을 한다.

한편, 대통령제 국가는 대통령선거와 의회선거 이렇게 두 번의 선거를 통해 국민을 대표할 수 있는 권한을 각각 절반씩 나누어준 정부형태. 이 때문에 대통령제의 대통령과 의회는 견제와 균형의 관계인데, 의회는 입법활동, 예산활동, 대행정부 견제활동을 한다.

① 입법

민주주의는 사람이 지배하는 것이 아니라 법이 지배하는 것이며,

그 법은 누구에게나 평등하게 집행되어야 하는데, 법을 만드는 것이 바로 의회의 주된 기능이다. 이 때문에 의회를 입법부라고 한다.

② 조세와 예산

대표 없는 곳에 조세 없다(No taxation without representation)는 말처럼 모든 세금은 의회가 만드는 법에 따라서 징수할 수 있으며(조세법률주의), 이렇게 국민으로부터 걷은 세금은 의회의 승인이 있어야 지출할 수 있다. 이 때문에 의회는 지갑의 권한(power of purse)을 가지고 있다고 한다.

③ 대행정부 견제

행정부는 법을 집행하는 기능을 하는데, 과연 행정부가 법을 제대로 집행하는지, 법을 집행하는 가운데 부패나 비리가 없는지, 의회는 조사하고 감시하는 기능을 한다.

2. 의회의 구성 및 운영 유형

의회는 각자가 국민을 대표하는 수백 명의 의원들이 회의로 의사결정을 하는 수평적인 회의체이기 때문에 의사결정이 매우 어려운 것이 사실이다. 이 때문에 의원들의 발언순서, 발언시간은 물론 발언의 매너 등에 대한 엄격한 규칙이 발달되어 왔을 뿐 아니라, 어떻게 하면 효율적으로 의사결정을 할 수 있을지 다양한 심의절차를 고안해 왔다. 여기서는 다양한 의회의 구성 및 운영방식을 소개하고자 한다.

① 단원제와 양원제

단원제는 우리 국회와 마찬가지로 하나의 원으로 이루어진 의회이고, 양원제는 미국이나 영국처럼 상원과 하원으로 구성된 의회다. 양원제는 미국처럼 상원과 하원의 영향력이 비슷한 양원제가 있는가 하면 영국과 같이 하원이 중심인 양원제도 있다.

② 상임위원회 중심주의와 본회의 중심주의

의안의 심의절차는 상임위원회 중심주의와 본회의 중심주의로 나눌 수 있다. 미국과 한국은 상임위원회 중심주의 심의절차를 가지고 있는 것에 반해, 영국 의회는 본회의 중심주의다.

상임위원회 중심주의 의회는 행정부의 부처에 상응하는 상설 위원회, 즉 상임위원회를 설치하고 있다. 상임위원회는 의회의 전문화와 분업화를 가능하게 해 효율적인 의안심의를 가능하게 한다. 다음은 상임위원회 중심주의 의회의 법안심의 절차다.

> **첫째**, 의원이 법안을 발의하면 의장은 본회의에 보고하고 관련 상임위원회에 회부한다. 다만, 한국 국회는 의원뿐 아니라 정부도 법안을 제출할 수 있는 권한을 가지고 있다. 20대국회가 시작된 2016년 5월 30일부터 10월 30일까지의 통계를 보면, 의원발의 법률안이 14,748건이며, 정부제출 법률안이 811건에 이른다.
>
> **둘째**, 상임위원회 심사결과 가결된 경우 본회의에 부의한다. 이 때문에 상임위원회는 문지기 권한(gate keeping power)을

가지고 있다고 한다. 미국 의회를 예로 들면, 상임위원회에 회부된 법안 중 10% 정도만 상임위원회를 통과한다. 이는 상임위원회에 회부된 법안의 90%가 상임위원회를 통과하지 못함을 의미한다. 이 때문에 상임위원회를 법안의 무덤이라고도 한다. 상임위원회는 심사과정에 청문회를 열어 전문가와 이해관계자들의 의견을 듣기도 한다. 한국 국회에서는 상임위원회를 통과한 법률안이 바로 본회의에 부의되는 것이 아니라 법제사법위원회에서 기존 법률체계와 어긋남은 없는지 또 적정한 법률용어가 사용되었는지 등 체계와 자구심사를 받아야 한다. 다른 국가에서는 찾을 수 없는 심사절차인데, 제헌국회 당시 전문인력이 미비해 변호사들이 주로 소속되어 있는 법제사법위원회에 체계와 자구심사를 맡겼던 것으로 추정된다.

셋째, 본회의에 상정된 법안은 최종적으로 토론을 거쳐 의결한다. 미국 의회의 경우 본회의에 부의된 법안 중 절반 좀 안되게 양원의 본회의를 통과한다. 미국 의회는 매 의회마다 다시 말해 2년마다 대략적으로 1만 건의 법안이 발의되고, 그 중 1천 건 정도가 상임위원회를 통과하며, 최종적으로 공포되는 법안은 평균 4백 건 정도 된다.

한국 국회는 20대국회가 시작된 2016년 5월 30일부터 10월 30일까지 국회에 제출된 법률안 총 15,559건 가운데 1,030건이 원안통과 되었고, 2,786건이 반영되어 총 3,816건이 법안에 반영된 것으로 나타난다.

이에 반해 영국은 본회의 중심주의를 지니고 있는데, 영국의 법안심의 절차는 다음과 같다.

첫째, 영국 의회에 제출되는 법안의 대부분은 내각이 준비한다. 내각은 각종 이슈에 대해 전문가와 이해관계자들의 의견을 듣고 이를 반영해 법률안을 만든다.

둘째, 법안이 제출되면 본회의에서 제1독회를 하는데, 제1독회에서는 법안의 제목을 의원들에게 알리고, 법안을 의원들에게 배분한다.

셋째, 본회의에서 제2독회를 여는데, 여기서는 법안에 대한 의원들의 토론과 표결이 이루어진다.

넷째, 의원 20여 명으로 구성된 위원회에서 법안의 자구수정을 하는데, 의원들의 요구가 있으면 의원 전원으로 구성된 전원위원회에서 법안의 자구수정을 한다. 심사된 안건은 다시 본회의에 보고한다.

다섯째, 본회의에서 제3독회가 열리는데, 여기서는 위원회가 보고한 법안에 대한 토의와 표결이 이루어진다. 본회의에서 다시 법안을 수정하는 것도 가능하다.

③ 전환의회, 무대의회, 고무도장의회

의회가 어느 정도 다양한 조직과 정보를 바탕으로 정책형성과정에 영향력을 행사하는가에 따라서 고무도장의회, 무대의회, 전환의회로 나누어볼 수 있다.

고무도장의회는 의회의 권한이 법적으로나 실질적으로 제한되어 있을 뿐 아니라 의원을 보좌할 조직과 인력도 거의 없어서 의회가 제대로 작동할 수 없는 경우라고 할 수 있다. 이러한 고무도장의회는 행정부가 제출하는 법안과 예산안에 대해 별다른 수정을 가하지 못하고 그대로 통과시킬 뿐 아니라 대행정부 견제도 제대로 할 수 없는 영향력이 약한 의회다. 권위주의 국가의 의회가 대부분 고무도장의회에 속하는데, 한국도 권위주의 시절에는 국회의 법정 회의일수를 축소했을 뿐 아니라 국정감사 제도를 폐지하고 국정조사도 사실상 열리지 못했다. 또, 행정부에서 제출하는 법안이 의회에서 거의 그대로 통과되었다.

무대의회는 고무도장의회보다는 의회와 의원의 권한이 보장되고, 의원들에게 정보를 제공하기 위한 조직이 발달된 의회다. 뿐만 아니라 실질적인 발언과 토론, 표결이 이루어지는 의회다. 무대의회에서도 정부여당이 법안 제출을 주도하고 정부여당의 뜻에 따라 법안이 의회를 통과하는 경우가 많지만, 야당이 정부여당의 안을 비판할 수 있는 의회다. 무대의회에서는 대정부 견제활동이 활발하기 때문에 행정부를 보호하고자 하는 여당과 행정부의 정책적 실패나 부정부패를 질타하는 야당 간의 치열한 논쟁이 벌어지곤 한다. 예를 들어, 영국 의회에서 가장 여론의 주목을 끄는 중요한 활동은 매주 목요일에 열리는 수상이 직접 참여하는 질의(Questioning)시간인데, 정부여당의 잘못을 따지는 야당의원들과 그에 대해 정부여당의 정책을 옹호하는 내각 및 여당의원 간에 논쟁이 벌어진다.

현재의 한국 국회는 권위주의 시절과 비교해 제도적인 권한이 강화되었을 뿐 아니라 의원들에게 정보를 제공하기 위한 다양한 조직들도 많이 만들어졌다. 그러나 여전히 정부여당이 정책과 법안을 주도하고 있는 것에 반해, 야당은 정부여당의 정책실패에 대한 비판을 주로 하고 있다는 점에서 무대의회 단계에 있다고 할 수 있을 것이다.

전환의회는 의회의 제도상 권한이 강할 뿐 아니라 행정부에 버금가는 다양한 정책정보를 제공하기 위한 보조조직이 있는 의회로, 행정부가 주도하는 정책을 변화시킬 뿐 아니라 스스로 정책을 주도하는 의회다. 미국 의회는 전환의회의 대표적인 예인데, 행정부는 법안제출권이 없고 의원만이 법안을 발의할 수 있다. 이 때문에 법안의 초안을 만드는 단계에서부터 의원의 협력과 동의가 있어야 행정부가 하고자 하는 정책의 법안초안이라도 만들 수 있다. 예산에 있어서도 행정부의 예산안은 참고자료일 뿐이고 의회가 예산을 주도하고 있다. 또, 미국 의회는 전쟁을 선포할 수 있는 권한 역시 가지고 있기 때문에 의회가 표결로 승인하지 않은 전쟁을 할 수 없다.

3. 의장 리더십 유형

의장의 리더십은 의장 개인의 리더십 스타일에 의해서도 영향을 받지만, 그보다 더 중요한 것은 의장에게 주어진 권한과 의장에게 기대되는 제도적인 역할이다. 의장의 제도적 역할 유형은 의회대표자형, 의회관리자형, 정당대표자형, 그리고 정당대변자형으로 나눠

볼 수 있다.

의회대표자형이나 의회관리자형은 당파성이 약한 리더십 모델이라면, 정당대표자형과 정당대변자형은 당파성이 강한 리더십 모델이다. 의회대표자형은 정당체계가 발전되기 이전의 모델이라면, 의회관리자형은 정당간의 이해와 협력을 바탕으로 작동하는 모델이다. 또, 정당대표자형이 원내 다수당의 실질적인 최고 지도자를 의장으로 선출하는 모형이라면, 정당대변자형은 원내 다수당 영향 아래 있는 의장 리더십 모델이다.

① 의회대표자형 리더십

의회대표자형은 원내에서 정당의 개입 없이 자유투표로 선출되는 의장으로 의장이 의회의 실질적인 대표로서 리더십을 발휘하는 경우다. 보통 의회대표자형 의장은 정당체계가 갖추어지기 이전에 작동하는 의장 리더십 유형인데, 한국 국회의 경우 초대의장인 이승만 의장과 2대 의장인 신익희 의장이 이 경우에 해당한다. 재적의원 과반수의 찬성으로 의장을 선출하는 오늘날과 달리, 제정국회법 6조는 재적의원 2/3의 찬성으로 의장을 선출하도록 규정하고 있다. 이는 의장을 원 전체의 대표로 보았기 때문으로 보인다. 또, 실질적으로 국회의원의 2/3의 찬성을 얻어내기 위해서는 특정 정파만을 대표해서는 의장으로 선출되기 어렵고 의원 대다수를 대표해야 하기 때문에 의장은 의회 전체를 대표하는 리더십을 발휘한다.

② 의회관리자형 리더십

중립적인 리더십 모델로, 의장으로 선출되고 나면 탈당 등의 방식으로 어느 정당에게도 편파적이지 않은 공정한 사회자로서 역할을 하는 모델이다. 의장의 중립성을 보장하기 위해 제도적으로 의장의 탈당을 규정한다고 해도, 의장의 임기가 지나치게 짧거나 다음 선거에서 공천을 받기 위해 탈당 이후에도 소속되었던 정당의 눈치를 보아야 한다면, 이 모델은 제대로 작동하기 어렵다. 따라서 중립적 의장의 권위와 위상을 정당과 의원들이 존중해야 의회관리자형 모델은 제대로 작동할 수 있다.

의회관리자형 모델의 대표적인 경우는 영국 하원의장인데, 영국 하원의장은 의장이 되고나면 탈당을 할 뿐 아니라 모든 정치활동 및 의원모임에 참여하지 않음으로써 의장의 중립성을 지키려고 노력한다. 또, 각 정당들도 의장의 중립성을 지키기 위해 노력하는데, 의장이 다음 선거를 위한 노력을 하지 않아도 되도록 의장의 지역구에 후보공천을 자제한다. 대신 하원의장은 엄격한 중립적인 사회자로서의 역할을 한다.

민주화 이후 한국 국회의장의 리더십 모델도 중립적 사회자 모델로 정립해 오고 있다. 의장 당선 후 탈당을 국회법에 규정했을 뿐 아니라 의장의 직권상정권한을 축소해 의장이 특정 정당을 위해 권한을 행사하지 못하도록 리더십 모델을 진화시키고 있다. 그러나 영국과 달리 의장의 연임이 인정되지 않는 정치문화로

인해서 의장은 임기 2년 이후의 정치 커리어를 위한 모색을 할 수밖에 없기 때문에 영국 의회 정도의 의장의 중립성이나 권위는 기대하

기 어려운 점이 있다.

③ 정당대표자형 리더십

정당대표자형 리더십 유형은 의장이 다수당의 실질적인 지도자인 경우로, 의장의 주된 역할은 사회자로서의 역할이 아니라 정책과 입법을 주도하는 역할이다. 정당대표자형 의장으로는 미국의 하원의장을 들 수 있는데, 미국의 하원의장은 대통령에 버금가는 정치적 영향력을 보인다.

대표적으로 미국의 깅그리치(1995-1999) 의장은 1994년 선거에서 '미국과의 계약'이라는 선거공약으로 공화당을 승리로 이끈 후 하원의장이 되었는데, 하원의장이 된 후에는 100일 이내에 선거공약을 모두 본회의에서 표결에 부치겠다고 밀어붙였다. 그 결과 깅그리치 의장은 감세, 의회조직 축소, 복지제도 개혁 등을 이루어낼 수 있었고, 또 클린턴 대통령에 대한 탄핵소추에 성공하기도 했다. 당시의 미국 내 여론조사를 보면, 미국에서 가장 정치적 영향력이 큰 인물로 꼽히기도 했다. 그러나 클린턴 대통령에 대한 탄핵심판이 부결되고 클린턴 대통령이 재선에 성공하자 정계은퇴로 자신의 정치적 선택에 대한 책임을 졌다.

④ 정당대변자형 리더십

정당대변자형은 의장이 정당내의 실질적인 지도자는 아니지만, 다수당의 이익을 원내에서 실현하고자 하는 리더십모델이라고 할 수 있다. 정당대변자형 의장은 정당의 규율이 높을수록 자율적인 리더십을 발휘하기 어렵고, 당내경선 없이 당 지도부에 의해 의장으로 지명된 경우라면 더욱더 자율적 리더십을 발휘하기 어렵다.

권위주의 시절 한국 국회의장이 바로 정당대변자형 의장이라고 할 수 있는데, 좋은 경력을 가지고 있으나 정치적 영향력은 없는 정치인들이 최고 권력자의 낙점을 받아 의장이 되었다. 이 때문에 '낙하산 의장' 혹은 '얼굴마담 의장'이라고 불리곤 했다. 낙하산 의장들은 정부여당의 의중을 반영해 날치기의 악역을 맡는 것이 숙명이었다.

대통령

대통령제는 국민이 두 번의 선거를 통해 대통령과 의회에 정당성을 똑같이 나눠주고, 서로 견제와 균형을 이루게 한 권력분산형 정부형태다. 그러나 국가마다 대통령과 의회의 권한을 어떻게 배분하고 있는지는 상당히 차이가 있다.

2차 대전 이후 독립한 국가들이 채택한 대통령제는 대통령에게 군주에 가까운 권한을 부여했다. 한국도 권위주의 정부시절에는 대통령제를 '대통령중심제'라 칭하며 대통령에게 권한을 집중시켰다. 민주화 이후에는 국민이 직접투표로 대통령을 선택할 수 있게 되었지만, 대통령이 중심이 되는 체제에서 완전히 벗어나지는 못하고 있다. 이 때문에 5년마다 제왕적인 대통령의 정책실패와 부정부패가 반복되고 있다.

1. 한국의 대통령제와 미국의 대통령제

한국 대통령은 제도적으로 집중된 권한을 가지고 있을 뿐 아니라 정당을 통해 의회를 통제할 수 있는 정치적 권한 역시 가지고 있어서 '견제와 균형'이라는 대통령제의 이상과는 거리가 있다. 한국의 대통령제가 얼마나 막강한 대통령제인지는 대통령제의 원형인 미국의 대통령제와 비교해 보면 잘 알 수 있다.

〈표 5-1〉 한국과 미국의 대통령 권한 비교

대통령		의회	
한국	미국	한국	미국
단방제	연방제	단방제	연방제
입법권(법안제출권 및 거부권)	입법권(거부권)	입법권	입법권
예산안제출권	참고자료용으로	도표를 심의	예산법률주의
감사원			회계감사원
		국정조사(사실상 원내교섭단체대표 협의로)	국정조사(위원회의 의결로)
인사청문회결과 참조	인준청문회 결과 거부할 수 없음	국회가 인준권을 가진 일부직, 4대 권력기관장과 국무위원에 대한 인사청문회	대통령이 지명하는 대부분의 직에 대해 인준청문회
			전쟁선포권
단임제	연임제		
중앙집권적 정당	분권적 정당		

① 단방제와 연방제

연방제는 중앙정부와 지방정부가 법을 만들고 조세를 정할 수 있는 권한을 나누어 가지는 체제인 반면에, 단방제는 중앙정부만이 법을 만들고 조세를 정할 수 있는 권한을 가진 체제다. 이 때문에 단방제인 한국은 전국 어디를 가거나 동일한 법의 적용을 받으며 동일한 세금을 내지만, 연방제 국가인 미국은 주마다 결혼가능 연령, 소비세율 등이 다르다. 결국 다른 조건이 동일하다면 연방제의 연방정부보다 단방제의 중앙정부가 더 큰 권한을 지니고 있고, 그런 만큼 연방제 대통령보다 단방제 대통령의 권한이 더 크다고 할 수 있다.

② 입법권

입법권은 의회의 본질적인 권한이지만, 의회가 입법권을 독점함으로써 입법권이 견제 받지 않는 것을 방지하기 위해 행정부도, 사법부도 입법권의 일부를 지니고 있다. 행정부가 지닌 대표적인 입법권은 거부권이며, 사법부가 지니고 있는 대표적인 입법권은 위헌법률심사 권한이다.

미국 대통령이 입법권의 일부로 거부권만을 행사하는 것에 반해, 한국 대통령은 거부권은 물론, 법안의 제출도 가능하다. 권위주의 정부 당시엔 의원발의 법률안은 거의 전무한 것에 반해 정부 제출안은 국회를 대부분 통과했다. 그러나 민주화 이후 의원발의 법률안 건수는 점점 늘어서 이제 정부 제출안 건수를 압도적으로 상회하고 있지만, 여전히 주요 이슈에 대해서는 정부 제출 법안의 수가 많은 것이 사실이다.

③ 예 산

한국 대통령과 미국 대통령의 권한에서 가장 크게 차이가 나는 부분 중 하나가 예산과 관련된 권한이다. 헌법 제54조는 행정부는 예산안을 회계연도 개시 90일 전까지 국회에 제출하고 국회는 회계연도 개시 30일 전까지 의결하도록 규정하고 있다. 이는 대통령을 수반으로 하는 행정부가 제출하는 예산안을 국회가 심의하도록 규정하고 있는 것이며, 심의기간도 60일로 짧게 규정하고 있다. 또, 헌법 57조는 국회는 행정부의 동의 없이 행정부가 제출한 지출예산 각항의 금액을 증가하거나 새 비목을 설치할 수 없다고 규정하고 있는데, 이는 예산은 대통령을 수반으로 하는 행정부가 주도하는 것이며 국회는 보조적인 위치에 있는 것임을 규정하고 있는 것이나 마찬가지라고 할 수 있다.

이에 반해 미국은 대통령 예산안을 만들어 의회에 제출하지만, 의회는 이것을 참고만 할 뿐이고 의회 스스로가 조세법과 세출법을 만든다. 미국 의회는 한국 의회처럼 숫자로 구성된 도표를 예산안이라고 통과시키는 것이 아니라 예산총액과 기능별 예산을 적시한 예산결의안을 통과시킨 후, 예산결의안을 기반으로 세입은 조세법으로, 세출은 세출법으로 다른 법과 마찬가지 형식의 법을 만든다.

④ 회계감사

한국은 대통령 직속인 감사원이 국가의 세입, 세출의 결산감사를 하도록 하고 있다. 이는 법에 따라 세금을 제대로 걷었는지, 또 예산에 따라 제대로 국고를 지출했는지를 검사하는 결산의 역할 중 상당 부분을 대통령 직속 기관이 하고 있음을 의미한다. 그러나 미국의 경우에는 의회에 회계감사원이 설치되어 있고, 회계감사원의 결산검사 자료는 의회가 예산을 작성하는 과정에서 매우 중요한 자료로 활용되고 있다.

⑤ 의회조사

정책의 실패나 권력남용 및 구조적 비리 등의 문제가 있을 때 그 원인을 찾아내고 입법적인 대안을 마련하기 위해 실시하는 것이 의회조사다. 우리 국회는 이를 국정조사라 부르는데, 국정조사는 재정의원 4분의 1이상의 요구가 있을 때 실시하도록 하고 있지만, 국정조사계획서가 본회의를 통과해야 하기 때문에 사실상 교섭단체의 합의가 있어야 성사될 수 있다.

이에 반해 미국 의회는 상임위원회의 의결로 의회조사를 실시할 수 있기 때문에 우리 국회보다 의회조사를 실시하기 용이하다. 또, 미국 의회는 의회조사에 참여하지 않는 증인 등에 대해 소환권을 행사할 수 있다.

⑥ 인사권

인사권에 있어서도 한국 대통령과 미국 대통령의 권한의 차이는 엄청나게 크다. 한국 국회는 헌법이 정하고 있는 국무총리, 대법원장, 헌법재판소장 및 헌법재판관 일부, 감사원장, 대법관은 국회가 인준할 권한을 지니고 있다. 그러나 그 이외에 국회법에 의해서 인사청문회의 대상이 되는 4대 권력기관의 장과 국무위원 등에 대한 인사청문회는 인사청문회만 할 뿐 국회의 인준권이 없다. 이 때문에 국회가 인사청문회 이후 부정적 의견의 보고서를 채택하거나 보고서 자체를 채택하지 못한 경우에도 인사권은 대통령 고유의 권한이라고 강변하면서 임명을 강행한 경우가 거의 90%에 달한다.

이에 반해 미국 의회는 대통령이 지명하는 거의 모든 자리에 대해서 의회가 인준을 할 권한을 지닌다. 현실적으로 1,500여 직에 대해 모두 인준청문회를 할 수 없기 때문에 문제가 없는 인사에 대해서는 청문회를 열지 않기도 하지만, 이론적으로는 의회는 대통령과 인사권을 나누고 있는 것으로 볼 수 있다.

⑦ 전쟁선포권

미국이 베트남전에서 패배한 후 미국민들은 지도상에 어디에 존재하지도 잘 알 수 없는 국가를 위해서 국민의 생명과 혈세를 낭비한 것에 대한 분노가 높았다. 이러한 가운데 의회는 1973년 전쟁을 하기 위해서는 의회의 승인을 받아야 한다는 전쟁권한 결의안(war power resolution)을 통과시켰다. 닉슨 대통령은 거부권을 행사했지만, 의회는 재의에 성공했다.

전쟁권한 결의안의 주된 내용은 첫째, 대통령은 미군을 분쟁지역이나 분쟁이 임박한 지역에 파견하기 이전에 의회와 상의해야 한다. 둘째, 대통령은 미군을 현존하거나 임박한 분쟁지역에 파견할 때는 의회에 보고해야 한다. 의회에 보고하지 않은 경우에는 60일 이내에 철수해야 한다. 셋째, 대통령이 미군의 파견을 위한 보고서를 제출한 지 60일 이내에 의회가 승인하지 않으면 미군은 철수해야 한다. 넷째, 대통령은 군사적 행동이 있는 경우에 48시간 내에 통고한다.

9·11테러 이후 미국 부시 행정부는 알카에다와 연관이 있다고 추정되는 이라크를 침공하기 위해 미국 의회에 전쟁승인을 요청했고, 미국 의회는 치열한 토론 이후 이라크 전쟁결의안을 표결에 부쳤다. 그 결과 하원에서는 찬성 297표, 반대 133표, 상원에서는 찬성 77표, 반대 23표로 이라크 전쟁결의안이 통과된 바 있다.

⑧ 단임제와 연임제

장기독재의 폐단을 겪은 한국은 단임제를 취하고 있는데, 단임제는 대통령이 부정하게 권력을 연장할 수 있는 가능성을 애초에 차단한다는 장점을 지닌다. 그러나 단임제는 장기적인 안목에서 정책을 준비하고 실행하는 것을 어렵게 하는 단점이 있다. 또, 단임제는 임기 종반에 들어서면 레임덕에 빠져서 국정이 표류하는 문제점도 있다.

이에 반해 미국 대통령제는 4년을 임기로 하지만 1회에 한해 재선이 가능하도록 하고 있는데, 이는 현직 대통령이 재선할 수 있는 가능성을 열어 놓은 것으로 첫 4년은 레임덕에 빠지지 않도록 해주는 효과가 있다.

따라서 단임제는 연임제보다 대통령 권력을 약화시키는 요소로 작용할 수 있는데, 위에서 본 바와 같이 지나치게 제도적 권한이 집중된 한국 대통령제에 연임제마저 도입한다면 대통령의 권력이 더 강화되는 부작용을 낳을 수 있다. 반대로 연임제를 도입하고자 하면, 대통령에 집중된 권력의 분산이 선행되어야 할 것이다.

⑨ 중앙집권적 정당과 분권적 정당

제도적 권한이 대통령과 의회에 균형 있게 배분되어 있다고 해도 정당의 구조에 따라서 대통령의 정치적 영향력이 달라질 수 있다. 중앙집권적이고 기율이 강한 정당이 있고, 대통령이 그 정당의 실질적인 리더라고 한다면, 대통령은 소속 의원들을 통해서 의회에 영향력을 행사할 수 있다. 특히 대통령이 소속된 정당이 원내 다수당이라고 하면, 대통령은 다수당을 통해 사실상 의회를 장악하게 되고, 의회가 대통령을 견제하는 것은 어려워진다.

한국 정당은 민주화 이후에도 여전히 중앙집권적일 뿐 아니라 대통령의 소속정당에 대한 장악력은 여전히 강력하다. 2008년 총선에서 이루어진 친박학살과 친이공천, 2012년 총선에서의 친이학살과 친박공천, 2016년 총선에서의 진박공천, 2018년 지방선거에서의 진

문논쟁은 모두 한국정당이 여전히 중앙집권적일 뿐 아니라 대통령이 여당을 장악하고 있음을 보여준다. 물론 대통령이 레임덕에 들어가면 대통령의 여당에 대한 장악력도 무너지게 된다.

이에 반해 분권적인 정당에서는 대통령이 공천권을 좌지우지하거나 정당을 통해 의회를 장악하는 것은 불가능하다. 미국 정당은 공천권이 완전히 민주화되어 있어서 정당 지도부가 공천에 영향력을 행사하기 어렵다. 따라서 미국 대통령은 한국 대통령과 달리 정당을 장악할 수 없고, 따라서 정당을 통해 의회를 장악하는 것은 더욱 더 어렵다. 다만 대통령의 국민적 지지도가 높으면 의원들은 민심을 배반하기 어렵기 때문에 대통령의 노선과 비슷하게 원내에서 표결에 임할 가능성이 높아질 뿐이다.

2. 권력집중 대통령제와 불행한 대통령의 사이클

위에서 보았듯이 한국 대통령제는 대통령제가 의도하고 있는 권력의 균형과 견제와는 거리가 있는데, 이는 한국민주주의를 불행하게 할 뿐 아니라 대통령 자신도 불행하게 만드는 결과를 초래한다. 역대 대통령은 예외 없이 임기초에는 높은 지지율을 누리지만, 임기말에는 친인척과 측근들의 비리와 권력남용에 대한 국민들의 분노 속에서 임기를 마무리하는데, 대략적으로 아래와 같은 3단계를 거치는 것으로 나타난다.

① 불행한 대통령 1기

취임 이후 1년에서 2년에 이르는 기간으로 대통령은 높은 지지율을 보인다. 전임에 실망한 국민들은 당선소감에서 밝혔듯이 대통령이 지지한 국민이나 지지하지 않은 국민이나 모든 국민을 위해 일하기를 바란다. 그러나 국민들의 바람과 달리 이 시기의 역대 대통령들은 전 정권에 대한 단죄와 당내의 비주류를 쳐내고 대통령당을 만드는 데 집중했다.

이 시기에 노무현 정부에서는 대북송금 특검이 있었고, 이명박 정부에서는 노무현 대통령에 대한 수사가 있었다. 또, 박근혜 정부에서는 이명박 정부 당시의 4대강 비리 및 자원외교에 대한 수사가 있었고, 문재인 정부에서는 박근혜 전 대통령의 국정농단에 대한 수사와 더불어 이명박 전 대통령에 대한 특활비 의혹 등에 대한 수사가 있었다. 잘못은 단죄되어야 하고, 잘못된 관행은 바로 잡고 제도개선을 해야 한다. 그러나 전 정권에 대한 단죄는 정치보복의 느낌을 지울 수 없었던 것이 사실이고, 대통령에 권한이 집중되어 있기 때문에 정치보복을 할 수 있었던 것도 사실이다.

또 다른 한편에서 역대 대통령들은 자신이 소속된 정당을 자신의 확실한 지지기반으로 만들기 위한 작업에 나섰다. 국회의원선거가 가까이 있는 경우에는 공천권을 행사했고, 그렇지 않은 경우에는 새로운 정당을 창당하기도 했다. 노무현 정부에서는 노무현 후보 교체론이나 후보단일화를 주장했던 의원들과 결별하고 정당개혁을 명분으로 열린우리당을 창당했다. 이명박 대통령은 취임 후 2개월 만에 실시된 국회의원선거에서 친박학살과 친이공천을 통해 당내 지지기반을 확고히 했다. 박근혜 대통령과 문재인 대통령은 대통령으로 당선되기 이전에 자신의 지지기반이 확고한 정당을 만드는 데 성공했다. 그럼에도 각 선거마다 진박공천과 진문공천이라는 말이 나왔다.

한편, 이 시기의 야당들은 대선패배의 후유증에서 벗어나지 못한다. 누구 탓에 대선에 지게 되었는지에 대한 내부적인 책임공방만 벌이며, 무기력함을 보인다.

② 불행한 대통령 2기

2기는 보통 임기 1년 반차에서 2년차부터 시작되어 4년차까지 지속되는 시기다. 이 시기에 들어서면 국민들은 전임 정부에 대한 단죄와 여당 내 확고한 지지기반 만들기와 같은 정치놀음에 피로감을 느끼기 시작할 뿐 아니라 대통령은 정치적 실패나 정책적 실패를 맛보게 된다.

노무현 대통령은 열린우리당의 창당을 통해 자신을 대통령으로 만들어 준 지지기반을 분열시켰고, 결국 탄핵위기에까지 몰렸다. 이명박 대통령은 미국 쇠고기수입 확대와 광우병 시위로 대국민 사과를 했다. 박근혜 대통령은 세월호 사건으로, 그리고 문재인 대통령은 경제정책의 실패로 인해 대통령의 지지율은 곤두박질쳤다.

한편, 지리멸렬하던 야당도 재정비에 나선다. 특히 대통령의 지지율이 1기에 비해 많이 빠지면서 자신감을 갖게 된 야당은 정부여당의 정책에 적극적으로 대응한다. 여당도 대통령당 만들기와 같은 내부적인 정치문제가 끝났기 때문에 대통령 아젠다를 정책화하는 데 몰두한다. 이로 인해 정부여당의 정책을 두고 여야 간의 극한 대립이 이루어진다.

③ 불행한 대통령 3기

보통 대통령 임기 4년차에 이르면 대통령 측근들의 부패사건이 속속 드러나고 이에 대한 국민들의 분노가 커지면서 대통령의 지지율은 바닥권에 이르게 된다. 대통령의 지지율이 낮아지면 여당 내부가 먼저 반응을 하는데, 차기를 노리는 주자들은 대통령과 차별화에 들어가고, 또 대통령을 지지하는 쪽에서는 차기를 결정하는 데 영향력을 행사하고자 한다. 이 때문에 여당 내에서 갈등이 고조된다.

야당은 레임덕(lame duck)에 빠진 대통령에 대한 공격을 강화하지만, 야당 역시 다음 대선주자를 놓고 계파갈등이 벌어진다. 결국 3기에서는 다시 여당이나 야당이나 모두 당내갈등이 심화되는 시기이다. 물론 다음 대선에서 여당과 야당 중 누가 승리하든 현 대통령은 또다시 단죄의 대상이 된다.

☐ 생각하기 ☐

1. 내가 사는 지역을 대표하는 국회의원은 누구인지 국회 홈페이지 (http://www.assembly.go.kr)에서 찾아보자.

2. 내가 사는 지역을 대표하는 국회의원은 어떤 상임위원회에서 활동하고 있는지 국회 홈페이지에서 찾아보자.

3. 국회 홈페이지의 표결정보에서 내가 사는 지역의 국회의원이 어떻게 표결했는지 찾아보자.

4. 국회의 의안정보시스템(http://likms.assembly.go.kr/bill/main.do)에 들어가서 최근에 통과된 법률안의 내용과 발의의원을 찾아보자.

5. 국회 홈페이지의 영상회의록을 통해 국회가 회의하는 모습을 살펴보자.

6. 청와대 홈페이지에 들어가서 대통령이 추구하는 주요 국정과제는 무엇인지 조사해 보자.

7. 청와대 홈페이지에 들어가서 청와대 조직을 찾아보고, 각 조직이 하는 일은 무엇인지 조사해보자.

6
정당과 정치자금

정당과 정치자금

정 당

1. 정당의 정의와 기능

정당이 무엇인지에 대한 대표적인 정의는 에드먼드 버크(Edmund Burke)와 레온 엡스타인(Leon Epstein)의 정의를 들 수 있다. 버크는 그들이 모두 동의하는 특정 원칙 위에 국가이익을 추구하기 위한 사람들의 모임이라고 정의하고 있다.[1] 버크의 정의는 정당을 가치와 이념을 공유하는 집단으로 보고 있다는 점, 그리고 국가이익을 추구한다는 점을 강조하는 명분론적인 정의라고 할 수 있다.

이에 반해, 엡스타인은 동일한 브랜드 아래 선출직 공직을 추구하는 사람들의 느슨한 조직이라고 정의하고 있다.[2] 엡스타인의 정의

---

[1] Edmund Burke, *Thoughts on the Present Discontents, and Speeches*, Cassell & Compny, Limited, 1886.

[2] Leon D. Epstein, *Political Parties in Western Democracies*, Transaction

는 공직을 추구하는 사람들의 모임이라고 함으로써 지나치게 정당을 제한적으로 보고 있다고 할 수 있는데, 필자는 버크와 엡스타인의 중간 정도에서 정당을 정의하는 것이 바람직한 것으로 본다.

정당은 유사한 가치와 목표를 지닌 사람들의 조직으로, 선출직 공직자를 당선시켜 공공정책에 영향을 미치고자 하는 조직이다. 다시 말해 정당은 당원과 지지자들의 가치와 이익을 반영해 정책을 만들고, 그 정책으로 선출직 공직자를 당선시키고, 선출직 공직자를 통해 국가 정책에 영향을 미치고자 한다. 이 때문에 정당 자체는 국가기관이 아니지만, 선출직 공직자들을 대거 당선시켜서 국가기관을 장악하고, 또 국가 정책에 영향을 미칠 수 있다.

정당의 정의 자체에 정당의 기능이 나타나 있는데, 좀 더 자세하게 살펴 보자.

첫째, 정당은 매개체로서 기능한다. 정당은 시민과 국가를 연결하는 기능을 하며, 흩어져 있는 사회적 문제와 이익을 모아서 정책을 만든다.

둘째, 후보를 충원하는 기능을 한다. 선출직 공직자가 되고자 하는 사람이 정당에 들어가지 않고 무소속으로도 출마를 할 수 있지만, 대부분은 정당을 통해 후보가 되고자 한다. 정당은 이러한 선출직 공직자가 되고자 하는 사람들을 충원해 교육 서비스를 제공할 뿐 아니라, 그들 중에 최종적인 당의 후보를 결정한다.

Publishers, 1980. p.9.

셋째, 정당은 지지자를 동원하고, 표를 모으는 기능을 한다. 최근에는 선거운동에 있어서 미디어 전문가들의 역할이 커지고 있는 것이 사실이지만, 여전히 선거운동에 있어서의 정당의 역할은 중요하다. 무엇보다도 정당은 후보들에게 공동의 브랜드를 제공하고, 지지자들을 동원하는 역할을 한다.

넷째, 정당은 정부를 구성한다. 선출직 공직자들은 대부분 정당 출신이고, 결국 대통령과 의회 등 정부를 구성한다.

다섯째, 정당은 책임정치를 가능하게 한다. 유권자가 선출직 공직자 한명 한명에 대해 정보를 얻고, 평가하고 책임을 묻기는 쉽지 않다. 그러나 정당은 선출직 공직자들에 대해 집단적 책임을 묻는 것을 용이하게 한다. 어느 정당 소속 선출직 공직자들이 더 유권자의 요구에 부응했는지, 혹은 정책적 실패나 도덕적 해이에 빠졌는지를 따져서 유권자가 투표할 수 있기 때문에, 정당은 책임정치의 가능성을 높인다.

2. 정당의 구조

정당은 일반적으로 다음 그림같이 피라미드 구조로 되어 있다. 구조의 가장 상위에는 그 정당의 이름으로 선출된 선출직 공직자들이 있다. 대통령과 국회의원, 자치단체장, 지방의원 등이 바로 그들이다. 선출직 공직자를 많이 배출한 정당일수록 정당의 국가 정책에 대한 영향력이 커질 뿐 아니라 정치자원도 더 많이 배분받게 되는데, 정당구조 피라미드 맨 상위에 있는 선출직 공직자들을 벡(Paul Allen Beck) 교수는 정부내 정당(party in Government)이라고 부른다.[3]

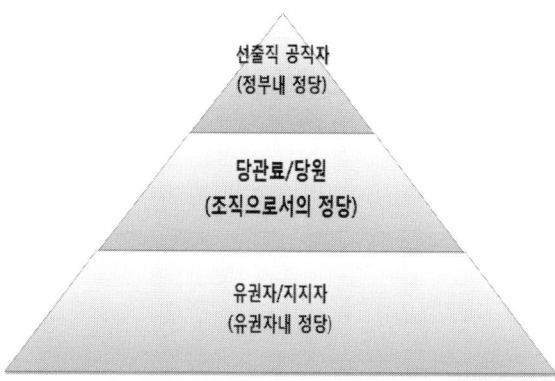

정당구조 피라미드의 중간층을 차지하는 것은 정당 사무국의 관료, 대의원, 당원 등이다. 이들은 정당활동에 활발하게 참여하고, 또 그 중 일부는 선출직 공직자의 후보가 되고자 한다. 이러한 정당 사무국의 관료와 대의원, 당원을 벡 교수는 조직으로서의 정당(party organizations)이라고 한다.

그리고 정당구조 피라미드의 가장 아래층은 정당의 지지자들이다. 후원금을 내기도 하고 정당활동에 참여하는 적극적 지지자들도 있지만, 대부분의 지지자들은 투표장에 가서 그 정당의 후보들에게 표를 주는 것 이외에는 잘 하지 않는다. 그러나 표를 주는 지지자가 없으면 그 정당은 정치적으로 의미 있는 생존을 할 수 없다는 점에서 정당의 주요한 일부분인데, 벡 교수는 유권자내 정당(party in the electorate)이라고 한다.

---

3) Paul Allen Beck, "The three-part political party," In *Party Politics in America* 8th, Pearson Education. Inc, 1997.

3. 정당의 유형

정당을 이루는 세 부분 즉, 정부 내 정당, 조직으로서의 정당, 유권자 내 정당 중 어느 부분이 중심이 되는가에 따라서 정당의 유형을 나눌 수 있다.

① 간부정당

정부 내 정당이 중심인 정당을 간부정당이라고 한다. 다시 말해 간부정당은 선출직 공직자가 되고자 하거나 정치권력을 행사하고자 하는 엘리트들의 모임이라고 할 수 있는데, 역사적으로 가장 먼저 나타난 정당유형이다. 서구에서는 보통선거권이 도입되기 이전에 주로 나타났다. 귀족, 지주 등이 간부정당의 주요 구성원이었으며, 소수의 부자들의 지원을 받거나 구성원들 스스로가 정치에 필요한 자금을 제공했다. 공직선거의 후보도 자의반 타의반으로 정치엘리트들이 결정했다.

② 대중정당

대중정당은 조직으로서의 정당이 가장 발달한 정당이다. 당원이 많기 때문에 많은 당원을 관리하기 위해 대규모의 조직을 가지고 있는 정당이다. 대규모의 정당조직을 운영하기 위해서는 많은 자금도 필요한데, 정당운영에 필요한 자금은 당원들이 내는 당비로 충당한다. 당원들은 당비를 내는 대신 공직후보 선출권을 지닌다. 또한 당원들은 수는 많지만, 비교적 동질적인 이해관계와 가치를 가지고 있기 때문에 정당의 정책적 일관성이 높고 정책이 잘 발달되는 경향이 있다.

이러한 대중정당의 출현은 보통선거권의 확산과 더불어, 대중의 시대라는 시대적 배경의 산물이다. 국가마다 차이는 있지만, 18세기 중반부터 재산 유무에 따라 투표권을 제한하던 것에서 벗어나 모든 성인에게 투표권을 주는 보통선거권이 인정되기 시작한다. 일정한 연령 이상의 남성이면 모두 투표권을 가지게 되자 정치인들은 수많은 새로운 유권자들을 조직화할 필요성을 느꼈고, 유권자 스스로도 그들의 목소리를 정치권에 반영하기 위해서는 조직화가 필요했다.

또한, 19세기 후반부터 20세기 초에는 영화「모던 타임즈」에서 보듯이 노동자들은 컨베이어 벨트 앞에서 간단한 작업만 쉼 없이 하는  포드주의(Fordism) 생산양식이 확산됐다. 분업화에 기반한 포드주의 생산양식은 숙련된 기술자가 없어도 자동차와 같은 복잡한 물건을 대량생산할 수 있게 했다. 대량생산은 대량소비를 가능하게 했는데, '소비가 미덕이다'라는 말이 나온 것도 대량소비가 이루어져야 대량생산 체제를 유지할 수 있기 때문이었다.

영화「모던 타임즈」에서 사장은 방송을 통해 노동을 독려하는데, 이렇게 소수의 전문가가 다수의 대중에게 정보와 메세지를 일방적으로 보내는 매스 커뮤니케이션이 활성화되는 것도 바로 이 시기다. 산업화로 인해 도시로 쏟아져 들어온 수많은 사람들에게 뉴스와 정보를 전달해야 할 필요성이 있었을 뿐 아니라 산업혁명과 함께 이루어진 기술의 발전은 다양한 매스 미디어들을 발명해 냈다.

결국 보통선거권과 더불어, 대량생산(mass production), 대량소비(mass consumption), 대중매체(mass medea) 등 대중(mass)의 시대에 나타난 정당조직이 바로 대중정당(mass party)이다. 대량생산의 주역인 미숙련 노동자들은 그들의 협상권을 높이기 위해 노동조합을 만들었을 뿐 아니라, 그들의 경제적 이익을 보장받기 위해서는 종국적으로 정치에 영향력을 행사해야 했기 때문에 정치에 참여했다. 정치인들도 노동자들을 동원하기 위해 노조를 바탕으로 대중정당을 만들었던 것이다.

③ 지지자 정당

지지자 정당은 정당구조 피라미드의 맨 아래를 차지하는 지지자가 중심이 되는 정당이다. 지지자 정당은 대중정당과 같은 대규모의 당원을 유지하지 않을 뿐 아니라 대규모의 조직을 유지하지도 않는다. 선거가 있을 때 정당의 활동이 급증하는 반면, 선거가 없는 때는 정당 활동이 제한적이다. 지지자 정당은 지지자들의 후원금으로 운영되는 대신, 지지자들에게 후보공천권을 부여한다. 다시 말해 그 정당의 지지자 누구나 참여할 수 있는 예비선거로 후보를 결정한다. 당원과 비교해 지지자는 동질성이 낮기 때문에 지지자 정당의 정책은 대중정당에 비해 일관성이 낮은 경향이 있다. 따라서 지지자 정당간의 정책적 차이는 크지 않은 경향이 있다.

지지자 정당의 출현도 사회경제적 변화를 반영한다. 20세기 중반에 들어 대량소비가 미덕이라는 구호에도 불구하고 대량생산을 뒷받침하는 대량소비가 불가능함이 명백해진다. 소비자들은 대규모로 생산된 남과 동일한 제품을 원하지 않고 나만의 재품을 원하게 되었다. 또, 분업화에 기반한 대량생산 체제인 포디즘적인 생산방식이 효율적이지도 않음이 분명해졌다.

이러한 가운데 생산양식은 또 한 번의 대전환을 맞았다. 대규모의 공장에서 소품종 대량생산해 대규모의 재고를 유지하는 체제에서 벗어나 다품종 소량생산과 즉각적 배달로 재고를 가능한 한 유지하지 않는 유연생산으로 전환되었는데, 이를 포스트 포디즘(post-fordism)이라고 한다.

유연생산양식은 쌍방향의 인터넷시대 도래와 함께 더욱 확산되고, 또 진화한다. 다품종 소량시대를 넘어서 맞춤형생산의 시대로 진화한다. 소비자는 더 이상 생산된 제품을 소비하는 것에 그치는 것이 아니라 소비자가 제품의 개발 및 생산과정에 직접 혹은 간접적으로 참여하는 프로슈머의 시대에 들어선다.

유연생산양식은 노동자를 기계처럼 다루어서는 생산성이 향상되지 않으며, 자율성이 인정되는 가운데 정보로 무장한 노동자가 창의성을 발휘할 때 생산성이 확대된다는 가정을 기반으로 하고 있다. 이 때문에 유연생산에서는 비숙련 노동자가 설 자리가 급격하게 감소한다. 비숙련 노동자의 감소는 노동조합의 조직률을 낮출 뿐 아니라 결국 대중정당의 핵심 구성원인 당원의 수도 급격하게 감소시키는 결과를 초래한다.

당원의 감소는 당비의 감소를 의미하며, 당비의 감소는 정당을 운영할 자금의 감소를 의미한다. 이 때문에 유연생산의 시대에 정당도 적응해 조직과 활동을 줄이게 된다. 선거가 있는 시기에만 적극적으로 활동하고 선거가 없는 시기에는 활동을 줄이는 선거중심 정당으로 변모했다. 또, 당비를 걷기가 어려워졌기 때문에 지지자들에게 후원을 부탁하는 형태로 진화했다. 물론 자금을 제공받기 위해서는 그에 합당한 권리를 제공해야 하기 때문에 지지자들에게 후보선출권도 제공하는 형태로 진화한다.

④ 카르텔 정당

포스트 포디즘적인 사회변화 속에서 정당은 지지자 정당이라는 하나의 진화경로만을 따른 것이 아니라 카르텔 정당으로 진화하기도 했다. 카르텔 정당은 대중정당의 구조와 조직을 그대로 유지하면서 정당의 운영에 부족한 자금을 국고보조를 통해서 조달하는 정당 유형이다.

카르텔 정당은 당비나 후원금을 모금하기 위한 노력을 하지 않고 상대적으로 쉬운 돈인 국고보조에 의존하기 때문에 자신의 지지기반이나 당원의 뜻을 정책에 반영하기 위한 치열한 노력을 하지 않고 관료화한다는 비판을 받는다. 이러한 가운데 일부 국가들은 국고보조를 소액다수주의 원칙에 기반해 정당이 모금한 소액 당비나 소액 후원금에 매칭해 제공하기도 한다. 또 카르텔 정당이라는 비판을 극복하기 위한 방법으로 참여를 원하는 국민 누구에게나 후보선출을 위한 경선에서 투표권을 행사할 수 있도록 공천과정을 개방하기도 한다.

⑤ 한국의 정당

초대 국회의 최대 정파는 무소속이었다. 의원정원 200명 중 85명이 무소속 의원이었는데, 무소속 의원들은 뜻이 맞는 의원들이 모여서 구락부를 만들어 활동했다. 재미있는 사실은 초대 국회의원선거에서는 정당활동을 하던 정치인들도 무소속으로 출마해 당선되는 경우가 많았다는 것이다. 또, 55명의 당선자를 내어 최고로 많은 당선자를 낸 대한촉성국민회도 당헌이나 당규도 없었고 여러 단체의 연합회 성격이 강했다. 결국 초대 국회는 무소속 명망가 정치인들이 다수를 차지하는 가운데, 정당의 가장 초보적인 단계인 간부정당 형태의 정당이 공존하고 있었다.

1951년 창당한 최초의 여당인 자유당은 국회 내 지지가 약화된 이승만 대통령의 재선을 목적으로 직선제 개헌을 이루기 위해 만들어졌다. 자유당은 원내자유당과 원외자유당의 이중적 구조로 출범했는데, 대중동원을 통해 의회를 압박하던 원외자유당은 원내자유당 의원들에게 폭력을 가하기도 했다.

3공화국의 출범과 더불어 창당한 공화당은 대중정당의 외형적 구조를 받아들였다. 그러나 공화당의 운영은 위에서 아래로 의사를 관철하고 국민의 지지를 동원하기 위한 조직이었지, 당원이나 지지자의 민주적 참여가 열려 있는 조직은 아니었다. 또, 정당운영에 소요되는 자금은 권력이 기업과의 유착을 통해 마련하는 구조였다.

공화당 이후의 한국의 집권당은 공화당의 구조와 조직의 틀을 계승했다. 정당이 권력을 창출하는 것이 아니라 권력자가 정당을 만들었다는 점도 동일했다. 이에 반해 야당은 전국적인 정당조직을 만들 자금력이 부족했기 때문에 간부정당의 모습이 유지되었다. 이 때문에 야당은 정당조직을 통한 선거가 아니라 바람이 불기를 기다리는 선거운동을 할 수밖에 없었다.

민주화는 야당도 여당과 유사한 정당조직을 운영할 수 있도록 했다. 권위주의 시절엔 제도만 있고 예산 계상을 하지 않았던 국고보조금제도에 예산을 계상하기 시작했을 뿐 아니라, 급격하게 국고보조금을 인상해 야당도 정당조직을 운영할 자금을 마련할 수 있게 되었다. 그러나 민주화가 정당 내부의 민주화를 의미하는 것은 아니었다. 민주화 이후에도 정당의 공천은 공천이 아니라 당 지도부의 사천이라는 비판이 계속되었다.

2002년 대선은 포스트 3김 시대의 개막을 알렸다. 자의반 타의반으로 대선 후보가 되었던 3김 시대와 달리 대선 후보를 결정하기 위한 실질적인 경선이 시작되었다. 국회의원선거를 비롯해 그 이외의 선거에서도 일부 선거구에서는 후보경선을 실시했지만, 대체적으로 보면 여전히 공천민주화는 미완의 과제라고 할 수 있다.

4. 정치균열과 정당의 노선

① 정치균열의 의미와 역사적 변화

정치균열은 비교적 안정적으로 정치적 의견이나 태도, 혹은 정당에 대한 지지가 나누어지는 축을 의미한다. 정치적 균열은 인종, 지역, 문화 등과 같은 인구학적인 특징에 따라서 만들어지기도 하고, 주요 이슈를 중심으로 만들어지기도 한다.

인구학적인 특징에 따라 정치균열이 만들어진 예를 든다면, 한국

정치에서 나타나고 있는 세대균열과 지역균열을 들 수 있고, 미국의 경우 유색인종이나 여성의 민주당에 대한 지지가 높은 예를 들 수 있다. 한편, 이슈에 따라서 정치균열이 만들어지는 예를 들자면, 링컨의 노예해방 이후로 공화당을 지지하던 흑인들이 1960년대에 미국정치를 지배했던 민권이슈로 인해서 민주당의 지지로 돌아서는 예를 들 수 있다.

각 국가마다 직면하고 있는 문제가 상이하고, 따라서 주요 이슈도 상이하다. 그러나 근대 국가의 형성에서부터 오늘에 이르기까지 각 국가가 직면한 가장 굵직한 이슈라면 국가건설, 산업화, 민주화, 복지국가라고 할 수 있다. 이 4대 이슈는 근대국가의 4대 과업이라고도 표현할 수 있는데, 4대 이슈를 중심으로 정치균열이 만들어지기도 한다.

지구상에는 이미 복지국가를 완성하고 미세적인 조정을 하는 단계에 있는 국가가 있는 것에 반해, 아직도 국가건설의 단계에서 벗어나지 못하고 있는 국가도 있는데, 근대 국가의 4대 이슈는 한꺼번에 발생하기보다는 단계별로 찾아오는 경향이 있다. 또한, 각 국가의 단계마다 4대 이슈를 중심으로 균열축이 만들어졌다.

근대국가의 탄생은 십자군 전쟁에서 패배한 이후 교황권과 장원경제가 붕괴하는 과정에서 왕권의 강화와 화폐경제를 추구하면서 시작되었다. 이 과정에서 교황에 지지를 보내는 종교파와 왕권의 강화에 지지를 보내는 세속파가 경쟁했는데, 종교파와 세속파 간의 균열이 유럽의 근대국가 초기의 주된 정치적 균열이었다.

또한, 18, 19세기에 서유럽의 전역을 휩쓸었던 국민국가 혁명은 한편으로는 중앙집권화의 정도와 속도 등을 두고 중앙과 지방의 대립을 낳았다. 국민국가를 주도했던 세력들이 있는 중앙은 중앙집권화와 영토의 확대를 원했지만, 국민국가에 편입된 지방은 지방의 자율성을 원했고 중앙집권화에 반대하는 경향이 있었다. 국민국가 형성기에 적지 않은 국가가 내전(civil war)을 겪는데, 이는 중앙과 지방의 갈등이 극단적으로 표출된 경우다.

국가마다 시차가 있기는 하지만 19세기에 유럽 전역으로 확산되었던 산업혁명은 도시와 농촌 간의 갈등을 발생시켰다. 산업화 이전에는 부의 원천은 토지였고, 농촌은 토지를 가진 곳이었다. 그러나 산업화가 진행되자 공장에서 일하기 위해 사람들이 모여들어서 도시가 만들어졌고, 농업에 비해 제조업의 생산력이 압도적으로 높았기 때문에 도시는 더 비대해졌다. 이에 반해 산업화로 인해 농업이 기계화되면서 농산물의 생산량도 늘어났지만, 생산량의 증가는 오히려 가격의 하락을 가져옴에 따라 대규모의 농장이 아닌 소규모의 농장을 하던 농민들은 농촌을 떠나 도시빈민으로 유입되었다. 이렇게 산업화는 도시의 팽창과 농촌의 축소를 초래했는데, 이러한 과정에서 도시와 농촌은 사회적 가치관, 농산물의 가격, 무역정책, 토지정책 등을 두고 대립했다. 도시와 농촌의 정치, 경제, 사회적 대립이 산업화 초기의 주요 정치균열이 되었다.

산업화가 진행될수록 도시는 비약적으로 발전한 것에 반해 농촌의 경제규모와 인구는 급격하게 줄어들었고, 이에 따라

도시와 농촌의 정치적 대립은 의미를 잃게 되었다. 이러한 가운데 새로운 정치균열이 등장하는데, 그것은 자본가와 노동자 간의 균열이었다. 산업화가 진행될수록 자본가와 노동자 간의 차이는 더욱 확대되었고, 이에 노동자들은 기업 내부에서 이익을 보장받으려는 활동을 넘어 정치적으로 노동자의 삶을 보장받으려는 시도를 했다. 이에 따라 자본가의 지지를 받는 정당과 노동자의 지지를 받는 정당이 생겨났고, 이에 따라 노동과 자본 간의 정치균열도 확대되었다.

그러나 소품종 대량생산시대에서 다품종 소량생산의 시대로 넘어오면서, 다시 말해 포디즘적인 생산양식에서 포스트 포디즘적인 생산양식으로 변화하면서, 자본가와 노동자의 구분도 모호해진다. 노동자의 내부에서도 다이어몬드 칼라, 골드 칼라, 화이트 칼라, 블루 칼라 등으로 세분화되면서 노동자와 자본가 간의 정치균열도 약해졌다. 대신 비효율, 무능, 부패와 같은 정치의 실패와 부익부빈익빈과 같은 시장의 실패 중 어느 것을 심각하게 생각하는가에 따라서 정치균열이 나누어지는 경향이 생겼다.

립셋과 로칸은 정치균열로 인해 초래된 정당에 대한 충성심은 고착되는 경향이 있기 때문에 정치적 균열이 사라지고 난 이후에도 과거의 정치균열에 기반 했던 정당이 사라지지 않고 계속되는 경향이 있다고 한다. 그러나 조금 더 자세히 보면, 립셋과 로칸이 주장하듯이 과거의 정치균열을 반영하는 정당이 사라지지 않고 계속되고 있어도 그 정당이 과거의 균열을 그대로 반영하고 있는 것이 아니라 새로운 균열을 반영하고 있는 것을 볼 수 있다. 또, 과거의 균열은 약화되거나 사라지고 새로운 균열이 중심적인 균열로 자리 잡은 것을 볼 수 있다.

예를 들면, 미국의 민주당과 공화당은 150여 년 이상 계속되고 있지만 양당이 대변하고 있는 정치적인 균열에 있어서는 적지 않은 변화가 있었다. 역사적으로 민주당이 남부의 지주계급 이해를 대변했던 것에 반해, 공화당은 산업세력의 이해를 대변했다. 그러나 산업화가 진행될수록 자본과 노동의 이해가 분화되어 한 배를 타기가 어렵게 되었는데, 급기야 1930년대에 이르게 되면 자본은 공화당의 지지기반으로 그대로 남아 있지만 노동은 민주당의 지지기반으로 재편이 일어난다.

공화당 로고

민주당 로고

또, 남북전쟁의 예에서 극명하게 나타난 것과 같이, 미국은 전통적으로 남부에서는 민주당이, 북부에서는 공화당이 우세를 보였다. 그러나 이러한 지역을 중심으로 하는 정치균열 역시 변화하는 것을 볼 수 있다. 1960년대 이후 민주당은 공화당의 심장부였던 동북부에서, 공화당은 불모지나 다름없던 남부에서 많은 당선자를 내기 시작하더니 이제 동북부는 민주당이, 남부는 공화당이 석권하게 된 것을 볼 수 있다.

미국의 경우가 정당체계는 지속되지만, 정당이 대표하는 정치균열이 변화하고 있는 경우라면, 영국의 경우는 과거의 정치균열이 새로운 정치균열에 의해 대체되고, 이에 따라 정당체계도 변화하는 경우다. 위그(Whigs)와 토리(Tories)로 대표되는 최초의 정치균열은 왕과 교회의 권한을 얼마나 제한할 것인가, 그리고 의회의 권한을 얼마나 강화할 것인가를 두고 형성된 것이었다. 그러나 20세기 초 노동당의 창당과 함께 주요 정치균열도 자본과 노동 간의 계급적인 균열로 대체되었다.

수세기 전의 정치균열 흔적이 아직도 남아 있는 경우도 있지만, 독자 생존하기보다는 새로운 균열과 결합해 존속하는 경향이 있다. 예를 들어, 종교는 국민국가 형성시기 유럽 국가들에 있어 가장 중요한 갈등의 축이었지만, 아일랜드 등 극소수의 지역을 제외하고는 다수의 유럽국가에서 종교는 더 이상 중요한 갈등의 축으로 작용하지 않는다. 또, 정당의 이름에 아직도 종교의 이름이 남아 있는 경우에도 독일이나 이탈리아 등에서 보듯이 중도 혹은 우파정당과 결합해 존재하는 것을 볼 수 있다.4)

결국 립셋과 로칸의 주장처럼 오늘날의 정당체계 속에 과거의 정치균열의 흔적이 남아 있는 것도 사실이지만, 동시에 주요 정치균열은 사회의 변화와 함께 변화하고 있음을 알 수 있다. 주요 정치균열이 변화함에 따라 과거의 정치균열은 정치적인 의미를 잃거나 새로운 정치균열과 결합하고 있다고 볼 수 있다.

② 한국의 정치균열 변화

근대국가의 형성기에는 대부분 국가의 영토적 경계를 두고 정치

---

4) 독일의 Christian Democratic Union, 이탈리아의 Unione dei Democratici Cristiani 등을 들 수 있다.

적 갈등을 겪는데, 한국의 정부수립기에도 마찬가지였다. 남한 먼저 단독정부를 수립해야 한다는 세력과 통일정부를 수립해야 한다는 세력이 서로 대립했다. 이러한 가운데 국제연합은 남북한이 동시에 총선거를 실시하도록 결정했지만, 북한이 이를 거부하자 국제연합은 남한만이라도 먼저 총선거를 실시하도록 결정했다.

초대 대통령선거에서 이승만은 92.3%라는 놀라운 득표율로 당선되었다. 뿐만 아니라 1대, 2대 국회의원선거에서는 무소속이 절반가량 당선되었기 때문에 선거결과로부터 어떤 정치균열이 작동했는지 탐색하는 것은 사실상 불가능하다. 3대 국회의원선거를 앞두고 여당인 자유당이 창당됨에 따라 지역별 지지를 탐색할 수 있게 되었는데, 자유당은 도시보다는 농촌에서 선전했다. 이러한 도농균열은 민주화 이전까지 모든 선거에서 지속적으로 나타난다.

도시에서는 야당이 선전했던 것에 반해 농촌에서는 여당이 선전하는 여촌야도의 한국판 도농균열은 서양의 산업화 초기에 나타났던 도농균열과는 차이가 있다. 서양의 도농균열은 경제적 이익을 바탕으로 정치적 대립을 했던 것에 반해, 한국의 도농균열은 권위주의 정부를 견제하고자 하는 정치적 동기에 기반한 것이었다. 도시는 젊고 교육수준이 높은 유권자가 많았기 때문에 야당에 대한 지지로 정부여당을 견제하고자 했다. 이에 반해 농촌 유권자들은 상대적으로 연령이 높고 교육수준이 낮았기 때문에 준봉투표 성향을 보였던 것이다.

민주화는 정치균열의 재편을 초래했다. 1987년 대선에서는 군부세력의 후신인 노태우와 민주화를 주도했던 김영삼, 김대중, 그리고 박정희 정권의 후신인 김종필과의 경쟁구도로 치러졌는데, '민주화'

라는 시대적 과제가 성취된 가운데 표심은 후보의 고향에 따라 나눠졌다. 1987년 대선에서는 대구 경북, 부산 경남, 호남, 충청이 지역구도의 핵심지로 나타나지만, 1990년 3당 합당은 대구 경북과 부산 경남의 표심을 묶었고, 이에 따라 영남, 호남, 충청의 지역구도가 형성되었다. 2000년대에 들어 충청권의 지역투표는 급격히 약화되어 영남 대 호남의 지역구도로 남게 되었다.

이런 가운데 2017년 대선에서는 문재인 후보가 호남은 물론 영남에서도 많은 지역에서 1위를 함에 따라 영, 호남 지역구도가 상당히 해체된 듯이 보이는데, 이것이 박근혜 전 대통령에 대한 탄핵과 3자 구도로 인한 착시인지, 아니면 정치균열의 재편인지는 앞으로의 선거를 통해 확인할 수 있을 것이다.

지역구도의 원인에 대해서는 경제적 설명도 가능하다. 박정희 정부의 국가주도 산업화는 영남을 중심으로 이루어졌는데, 당시 박정희 정부는 영남은 태평양과 인접해 있기 때문에 수출전진 기지로 유리한 데 반해, 평야로 이루어진 호남은 농업 경쟁력이 있기 때문이라는 설명을 했다. 그러나 산업화는 영남과 호남의 경제적 격차를 초래했고, 이것이 호남의 저항적 지역주의의 한 원인이 되었다.

1980년 광주민주화운동에 대한 군부의 무자비한 탄압은 전 국민의 분노의 대상이지만 우리의 군대로부터 무자비한 살상을 당한 호남의 분노는 하늘을 찔렀고, 이런 분노가 정치적으로 응축되는 것이 호남의 저항적 지역주의의 또 다른 원인이다.

그러나 2000년대 들어서면서 지역구도는 상당히 약화되고 있다. 세대균열과 이념균열이라는 새로운 정치균열이 등장해 지역구도의 영향력을 상쇄시키고 있기 때문이다. 2002년 대선에서 탈권위주의적인 노무현 후보의 등장과 더불어, 김대중 정부의 햇볕정책에 대한 평가와 미순이, 효순이의 비극적인 사건으로 인해 세대균열과 이념균열이 등장했다. 6.25를 겪지 않았던 젊은 세대는 한반도의 냉전구도에서 벗어나야 할 뿐 아니라 한미동맹에 대해서 새로운 관계 설정이 필요하다는 주장에 상당히 동의했다. 그러나 6.25를 겪었던 세대는 그런 주장에 동의할 수 없었고, 이는 세대균열을 낳는 원인이 되었다.

또한, 북한과 한미동맹에 대한 입장이 국민들의 이념평가의 중심이 되었기 때문에 세대균열과 이념균열은 상당히 중첩되어 있다고 할 수 있다. 2010년 지방선거에서는 무상급식이 주요 선거이슈가 됨에 따라 이념의 평가기준은 북한과 한미동맹중심에서 경제와 복지 이슈로 확대되고 있다.

5. 정당의 연합

정당은 때로는 선거에서 이기기 위해서. 때로는 정부를 구성하거나 정책에 대한 영향력을 강화하기 위해서 연합을 하는데, 여기서는 언제, 어떤 방식으로 연합을 하는지 살펴보자.

① 연합의 시기

연합의 시기는 크게 선거 이전과 이후로 나눌 수 있다. 선거 이전에 선거에서 보다 많은 당선자를 내기 위해서 하는 연합을 선거연합이라고 한다. 선거연합은 1인선거구 최다득표제와 같이 사표가 많은 선거제도에서 형성되는 경향이 있다.

선거연합이 선거이후의 연합으로 연결되기도 하는데, 선거 이후에 하는 연합에는 정부 구성을 위한 연합과 정책연합이 있다. 정부구성을 위한 연합은 의원내각제에서 단독으로 과반을 차지한 정당이 없을 때 형성되며, 정책연합은 대통령제에서 법안의 통과를 용이하도록 하기 위해 형성되는 경향이 있다.

의원내각제에서 정부구성을 위해 하는 연합은 정당간의 연합이지만, 대통령제에서 정책을 통과시키기 위해 하는 정책연합은 정당 차원에서도 의원 개인 차원에서도 이루어진다.

② 연합의 방법

정당의 연합의 방법은 연합의 크기와 이념 및 정책적 거리를 중심으로 다음과 같이 나누어 볼 수 있다.

최소승리연합(minimum winning coalition): 과반을 넘기는 최소한의 의원수로 연합하는 것이다. 다수연합에 소속된 의원수가 많아질수록 법안의 통과는 용이하지만, 의원 1인당 배분되는 권력자원은 작아지기 때문에 최소한의 수로 연합하는 것이다.

최소정당연합(minimum parties coalition): 다수연합을 만들기 위해서는 지루한 협상과정을 거치는 경우가 많다. 이때 협상과정에 참여하는 정당의 수가 많아질수록 협의를 이루기 어려운 경향이 있으므로 참여정당의 수를 최소화하는 연합이다.

최소거리연합(minimum distance coalition): 가장 이념적, 정책적 성향이 가까운 정당 간의 연합이다. 이념적, 정책적 거리가 먼 정당간의 연합은 공동정책에 대한 합의를 보기 어렵기 때문에 성사되기 쉽지 않고, 설사 연합구성에 성공한다고 해도 지속하기 어렵다는 것이다. 이 때문에 정책적으로 비슷한 정당 간에 연합이 형성된다.

거대연합(oversized coalition): 과반을 넉넉하게 넘기는 의석으로 연합하는 것을 지칭한다. 과반을 간신히 넘기는 연합의 경우에는 의원 한 명에게만 문제가 생겨도 과반이 무너질 수 있지만, 의석이 넉넉하면 그럴 가능성이 적다. 또, 정치의 안정과 힘 있는 정책의 추구를 위해서는 최소승리연합보다 거대연합이 더 바람직하다는 주장도 있다.

거국연합(grand coalition): 국가가 처한 위기를 극복한다는 명분 등으로 대부분의 정당이 참여하는 연합이다.

최소연계승리연합(minimum connected coalition): 연합의 크기나 연합에 참여하는 정당의 정책적 거리를 모두 고려해 과반을 간신히 넘는 정책적으로 가까운 정당들 간에 연합이 형성된다는 것이다.

정치자금

1. 정치자금의 정의와 기능

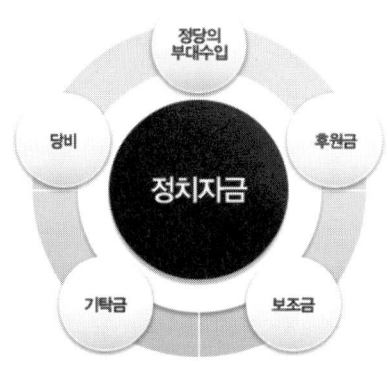

정치자금은 정당이나 정치인이 모금하거나 지출할 수 있도록 법이 허용하는 돈을 말한다. 굳이 '법이 허용하는'이라는 표현을 사용한 것은 정치자금의 위력이 너무나 커서 정당이나 정치인이 모금을 하고 지출을 할 수 있는 자금의 범위를 법으

로 정하고, 법이 허용하는 범위를 벗어나는 돈의 모금이나 지출은 금지되기 때문이다.

흔히 정치자금은 정치에 있어서 모유와 같다고 한다. 정당이나 정치인이 유권자와 소통하거나 정책을 만들고 홍보하는 등의 모든 활동에 돈이 필요하기 때문이다. 정치자금이 정치활동에 있어서 필수적인 요소이기 때문에 자금이 많은 정당이나 정치인이 더 효과적으로 정책을 홍보하고 표를 모을 수도 있다. 따라서 정치자금이 정치적 불평등을 초래하거나 민의를 왜곡하지 못하도록 대부분의 국가는 법으로 정치자금의 범위를 정한다.

정치자금과 관련해 돈이 말한다(Money speaks)라고 표현도 자주 사용되는데, 이는 정치자금도 의사표현의 일종이라는 의미가 있을 뿐 아니라 돈이 정책결정이나 정치적 영향력을 얻는 데 큰 영향을 미친다는 의미이기도 하다. 유권자는 투표를 하거나 정당활동에 참여하는 방식으로 정치적 의사표현을 할 수 있을 뿐 아니라 자신이 지지하는 정당이나 정치인에게 정치자금을 기부함으로써 정치적 의사표현을 할 수 있다. 그런데 문제는 정당이나 정치인은 적은 돈을 기부한 사람보다 많은 돈을 기부한 사람의 목소리를 더 듣는 정치적 불평등이 생길 수 있다는 점이다. 이 때문에 많은 국가들은 정치자금 기부에 대해 규제를 하기도 한다.

2. 정치자금의 구조와 규제

정치자금은 수입과 지출로 나눌 수 있는데, 먼저 정치자금의 수입에 대한 규제를 살펴보자. 정당을 기준으로 하면 당비와 후원금이 주된 수입원이며, 의원이나 후보와 같은 정치인을 기준으로 하면 후원금이 수입원이다. 정치자금의 수입에 대한 규제는 모금할 수 있는 총액에 대해 상한제를 실시하는 방법과, 기부자의 기부에 대한 상한제를 실시하는 방법이 있다.

이에 반해 정당이나 정치인이 자금을 사용하는 것을 정치자금의 지출이라고 하는데, 정치자금의 지출에 대한 규제는 정치자금 지출의 총액에 대한 상한제를 실시하는 방법이 있다.

또한 각 국가들은 불법적인 정치자금을 막는 동시에 국민의 알권리를 보장한다는 차원에서 정치자금의 수입과 지출에 대한 보고서를 내도록 하고 있을 뿐 아니라 이를 공개하는 투명성 확보 제도를 가지고 있다. 뿐만 아니라 국가에 따라서는 불법자금의 의존성을 줄일 뿐 아니라 정치자금의 부익부 빈익빈을 막기 위한 지원책으로 국고보조 제도를 가지고 있다.

〈표 6-1〉 각국의 정치자금 규제 비교[5]

		지출규제	
		있음	없음
수입 규제	있음	한국, 프랑스, 그리스, 일본, 이스라엘, 캐나다, 벨기에	미국, 핀란드
	없음	영국, 오스트리아, 이탈리아, 뉴질랜드, 헝가리	호주, 덴마크, 독일, 네덜란드, 스웨덴, 스위스

5) *American Perspective*, 2014.04.04.

(http://prospect.org/article/how-our-campaign-finance-system-compares-other-countries)

① 정치자금의 수입에 대한 규제

정치자금의 수입에 대한 규제는 정당이나 정치인이 정치자금을 모금할 수 있는 총액에 대한 규제, 기부자의 기부액수에 대한 규제, 기부를 할 수 없는 자에 대한 규제가 있다.

먼저 정당이나 정치인이 모금할 수 있는 총액에 대한 규제는 특정 정당이나 후보가 지나치게 많은 정치자금을 모금해서 지출하는 것을 막음으로써 지나친 정치적 불평등이 생기는 것을 막기 위한 것이다. 정치자금의 모금한도는 정당후원회는 물론, 의원이나 후보후원회에도 둘 수 있다.

정치자금의 수입에 대한 규제는 기부자에 대해서도 하는데, 먼저 정치자금을 기부할 수 없는 주체를 법에 명시하기도 한다. 가장 흔히 정치자금을 제공할 수 없도록 규제하는 대상은 외국인인데, 이는 외국의 자금이 정치에 들어와서 국익과 다른 결정을 하도록 유도하는 것을 막기 위함이다. 또, 정부와 계약을 맺고 있는 기업주의 정치자금 기부를 막기도 하는데, 이는 이해충돌을 막기 위함이다. 국가에 따라서는 법인이나 단체가 후원금의 상당부분을 제공하기도 하지만, 한국과 같이 법인과 단체의 후원을 금지함으로써 거대 자금이 정치에 영향을 주는 것을 막고자 하는 국가도 있다.

기부가 허용된 주체에 대해서도 1인당 기부에 대한 상한제를 두는 경우가 있는데, 이는 돈을 많이 기부하는 사람이 그렇지 않은 사람보다 정당과 정치인에게 더 큰 영향력을 행사하고, 따라서 정책결정에 더 큰 영향력을 행사하는 정치적 불평등을 막기 위한 것이다.

② 정치자금의 지출에 대한 규제

정당이나 후보가 지출할 수 있는 정치자금의 총액을 제한하는 지출에 대한 규제 역시 정치적 불평등을 막기 위한 규제다. 지출에 대한 규제가 강한 국가의 대표적인 예는 영국을 들 수 있는데, 영국 의회선거 후보의 지출액은 3만700파운드에 농촌 선거구는 유권자 1인당 0.09파운드, 도시 선거구는 유권자 1인당 0.06파운드를 더해 준다. 이에 반해 미국 연방의원 선거에서는 후보가 지출하는 선거비용에 대해 총액제한을 하지 않는다.

일반적으로 정치자금 모금 총액보다 지출 총액에 대한 규제가 정치자금의 총 소요액을 더 효과적으로 낮출 수 있는데, 이는 후보 자신의 돈도 지출 상한에 포함되기 때문이다.

③ 투명성 확보제도

투명성 확보제도는 불법정치자금의 유입을 막는 동시에, 누가 누구의 돈을 받아서 정치하는지 국민의 알권리를 보장하기 위한 제도다. 가장 초보적인 단계의 투명성확보제도는 정치자금의 수입과 지출을 선거관리위원회와 같은 중립적 국가기구에 보고하도록 하는 제도다. 여기서 조금 더 발달된 제도는 선거관리위원회와 같은 중립적 국가기구에 실사권을 부여해 제대로 신고를 했는지 조사토록 하는 제도다.

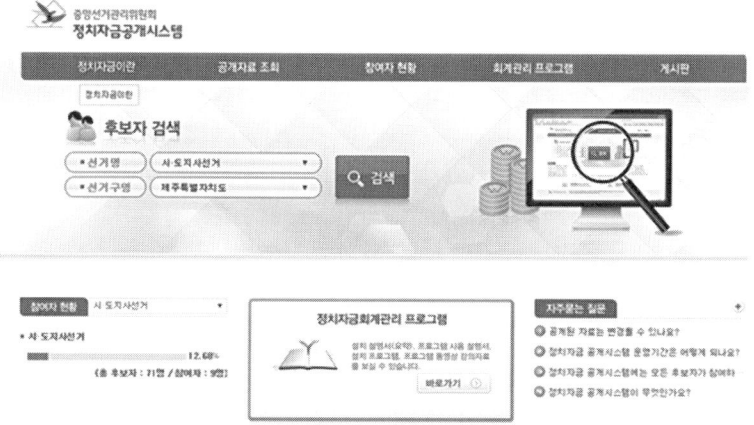

　여기서 한 단계 더 발전한 제도가 국민에게 정치자금의 수입과 지출을 완전히 공개하는 제도인데, 대표적으로 미국은 수입과 지출의 총액은 물론, 기부자와 지출처의 신원 및 금액을 365일내내 온라인으로 공개한다. 미국은 수입과 지출에 대한 규제가 없는 대신, 완전한 투명성을 추구하는 것이다. 또, 영국은 미국과 같이 온라인으로 공개하지는 않지만, 복사비만 내면 누구에게나 정치자금의 수입과 지출 내역을 복사해준다.

　④ 선거공영제와 국고보조

　선거공영제와 국고보조 제도는 정치자금에 있어서 부익부 빈익빈의 문제를 완화하고, 정당이나 후보가 부정자금에 유혹되지 않도록 하기 위한 제도다. 선거공영제는 선거자금의 전부 혹은 일부를 국고로 보전해 주는 제도를 의미하며, 국고보조는 정당의 운영 등에 도움이 될 수 있도록 국가가 자금을 지급해 주는 제도다. 그러나 선거공영제나 국고보조로 인해서 후보나 정당이 관료화한다는 우려도 동시에 나오는 것이 사실이다.

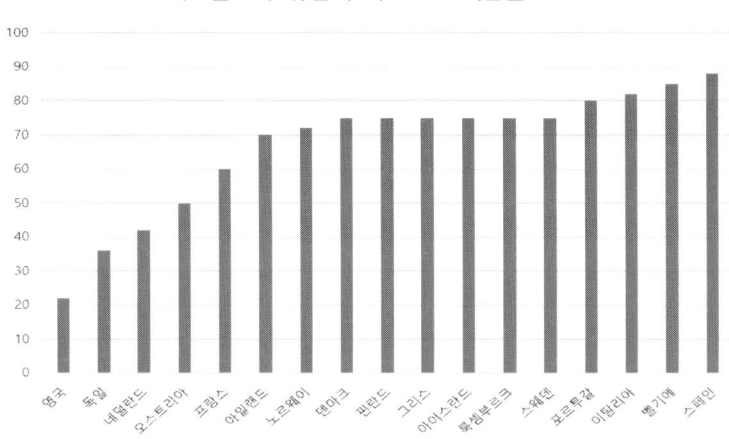

〈그림 6-2〉 유럽의 국고보조 의존율[6]

선거공영제나 국고보조 제도의 존재 여부는 각 국가의 정치적 전통과 가치관에 따라서 차이가 있다. 미국은 전당대회 비용을 제외하고는 정당에 대한 국고보조가 없고, 영국은 야당에만 쇼트머니를 지급하는데, 이는 시장의 효율성을 중시하고 국가의 시장개입을 꺼리는 미국과 영국의 가치관이 반영되어 있다. 이에 반해 <그림 6-2>에서 보듯이 스웨덴, 핀란드, 덴마크, 독일 등 유럽대륙 국가들은 정당에 대해 상당히 많은 국고보조를 하는데, 시장의 실패를 막기 위해 국가가 시장에 개입해야 한다는 가치관이 정당에 대한 국고보조에서도 드러나고 있다.

---

6) IDEA, *Funding of Political Parties and Election Campaigns*, 2014, p.224.

3. 한국의 정치자금제도

한국의 정치자금제도는 수입과 지출에 있어서 모두 규제가 있는 엄격한 규제제도를 가지고 있다. 1인당 기부금액에 대한 상한제를 실시하고 있는 것은 물론, 법인과 단체의 정치자금 기부를 금지하고 있다. 법인과 단체의 정치자금 기부를 금지하는 것은 정경유착을 막기 위한 특단의 대책이었는데, 2002년 대선에서 있었던 차떼기 불법자금에 대한 국민의 분노로 도입된 규제 중 하나다. 또한, 정당과 의원 및 후보 후원회의 모금액에 대한 상한제를 가지고 있는 것은 물론, 후보의 선거자금 지출액에 대해서도 상한제를 가지고 있다.

그러나 투명성에 있어서는 아직도 초보적인 제도를 지니고 있다. 정치자금의 수입과 지출내역을 중앙선거관리위원회에 신고하지만, 이를 대중에게 상시공개하지는 않고 있다. 이 때문에 유권자는 누가 누구의 돈을 받아서 정치하는지 알 수 없을 뿐 아니라 정치자금을 얼마나 내실 있게 지출하는지도 판단하기 어렵다.

국고보조의 배분제도 역시 심각한 문제를 지니고 있다. 국고보조는 첫째, 교섭단체를 구성한 정당에 대하여 그 100분의 50을 정당별로 균등하게 배분한다. 둘째, 잔여분 중 100의 50은 지급 당시 국회의석을 가진 정당에 그 의석수의 비율에 따라 배분한다. 셋째, 그 잔여분은 국회의원선거의 득표수 비율에 따라 배분한다.

이러한 국고배분 방식은 첫째, 교섭단체를 구성한 거대 정당에게 국고보조를 몰아준다는 문제점이 있다. 둘째, 교섭단체 구성 여부도 결국 정당의 의석수가 국고배분의 주요기준이 되는 것인데, 또 다시 전체 국고보조금의 절반의 절반을 의석수에 따라 배분하고 있다. 셋째, 이렇게 의석수를 국고배분의 주요 기준으로 사용하면, 의원들의 이합집산에 따라 국고보조금도 따라 이동하는 문제가 생긴다. 대부분의 국가들처럼 정당의 득표율에 비례해 국고보조를 배분하면 국회의원선거 당시에 존재하지 않았던 정당은 국고배분을 받지 못하지만, 의원수에 따라서 국고보조를 배분하기 때문에 선거 당시에 존재하지 않았던 정당도 국고보조를 받게 된다. 결국 거대정당에게 유리한 한국의 국고배분방식은 정의롭지 못할 뿐 아니라 의원의 이합집산을 조장해 정당체계의 제도화에 부정적인 영향을 미치고 있다.

 한국 국고보조 배분방식의 문제점은 독일의 제도와 비교해 보면 더 명확해진다. 첫째, 의회선거 정당투표에서 얻은 표에 대해 1표당 0.70유로를 곱해서 준다. 단, 처음 400만 표에 대해서는 0.85유로를 곱해 준다. 1표당 0.70유로를 곱해서 주는 것은 정당이 얻은 표에 비례해서 정치자금을 배분해 주는 비례성의 원칙에 기반 한 것이다. 처음 400만 표에 대해서는 0.85유로를 곱해서 준다는 의미는 일정 정도 국민의 지지를 받는 작은 정당에게도 정당활동에 필요한 최소한의 자원을 보장해 주겠다는 의미다.

 둘째, 정당이 모금한 정치자금에 대해서 1유로당 0.38유로를 곱해 준다. 단, 기부자 1인당 3,300유로 이하에 대해서만 0.38유로를 곱해 준다. 소액에 대해 매칭해 국고보조를 하는 이유는 국고보조에만 매달리지 말고 자구노력을 하라는 의미와 더불어 부자나 거대 이익단체의 큰 돈이 아니라 작은 돈을 많은 사람에게 모금하라는 의미를 지닌다.

비교하고 싶지 않지만, 독일의 국고보조가 비례성의 원칙, 소수 보호의 원칙, 그리고 소액다수주의의 원칙 아래 배분되고 있는 것에 반해서 한국의 국고보조는 강자의 이익을 보장하고 정당의 이합집산을 용이하게 하고 있다. 정의는 강자의 이익이라는 고대 희랍 소피스트의 말이 한국의 국고보조 배분에서 실현되고 있는 것이다. 국고보조 배분제도의 개선은 물론, 다른 분야의 법은 그렇지 않은지 찾고 개선을 요구하는 것이 민주시민의 의무라고 생각된다.

□ 생각하기 □

1. 주요 정당의 홈페이지에 들어가서 정강정책을 찾아보고 나와 가장 유사한 정책적 입장을 가진 정당을 찾아보자.

2. 중앙선거관리위원회가 발행하는 「정당의 활동 개황 및 회계보고」의 가장 최근 연도 발행본을 국회도서관에서 온라인으로 검색해 찾아보고, 각 정당의 수입에서 당비, 국고보조, 후원금이 차지하는 비율을 살펴보자.

3. 최근 유럽은 신생정당이 많이 생겨나고 있다. 대표적으로 스페인의 포데모스와 이탈리아의 오성운동을 들 수 있는데, 이들 정당의 홈페이지에 들어가서 기존 정당과 차이점은 무엇인지 살펴보자.

4. 인터넷은 의사소통의 비용을 낮춰서 직접민주주의를 확대할 것이라는 주장이 있다. 직접민주주의가 확대되는 경우, 정당의 역할은 어떻게 조정될지 생각해 보자.

7
정의, 다양성, 공정성

정의, 다양성, 공정성

정의의 역사적 변천

정의란 무엇인가? 인류역사상 가장 오래 고민했던 질문 중 하나다. 그럼에도 여전히 우리는 정의가 무엇인지 논쟁하고 있다. 어떻게 해야 정의가 바로 서는 사회가 될 수 있는지 고민하고 있고, 때로는 정의롭지 못한 사회에 분노하고 있다.

정의롭지 못한 것에 분노하는 것은 원숭이도 마찬가지라고 한다. 브로스넌과 드왈은 원숭이에게 플라스틱 토큰을 가져오면 오이를 교환해 주는 것을 가르쳤다고 한다.[1]

원숭이들은 토큰으로 오이를 교환해 가면서 좋아했다. 그러나 다

---

[1] S. F. Brosnan, and F. B. M. de Waal, "Monkeys reject unequal pay," *Nature* 425, 2003, pp.297-299.

른 원숭이에게는 토큰을 가져오면 오이가 아니라 포도를 교환해 주는 것을 보고 나면, 원숭이들은 공격적으로 변화했다. 실험대상 원숭이 중 80%는 오이나 토큰을 집어던지거나 토큰이나 오이를 받지 않으려고 했다고 한다.

배고픈 것은 참아도 배 아픈 것은 참을 수 없다는 말도 바로 이런 상황이라고 할 수 있는데, 정의롭지 못한 배분에는 인간이나 원숭이나 모두 분노하고 폭력적으로 변하기 때문에 사회의 평화를 이루기 어렵다. 이는 평화로운 사회를 유지하기 위한 가장 중요한 덕목은 정의임을 시사한다.

1. 함무라비 법전과 복수 정의

기원전 1800년경 아루르인이 바빌론을 수도로 세운 나라가 바빌로니아 왕국이다. 바빌로니아 왕국의 제1왕조 제6대 왕인 함무라비 왕은 유프라테스 강 주변 지역을 정복해 남부 메스포타미아 전역으로 영토를 확장했을 뿐 아니라 법치주의를 바탕으로 중앙집권체제를 확립한 것으로 알려져 있다.

함무라비 법전은 현존하는 가장 오래된 성문법인데, 함무라비 왕은 이 법전을 바빌로니아의 정의의 신 사마시로부터 받은 것이라고 했다. 함무라비 법전은 '눈에는 눈, 이에는 이'와 같이 복수에 기초한 법이다. 대표적으로 제196조는 '만일 다른 사람의 눈을 상하게 했을 때에는 그 사람의 눈도 상하게 한다. 만일 다른 사람의 뼈를 부러뜨리면, 그 사람의 뼈도 부러뜨린다.' 제202조는 '만일 다른 사람의 이를 상하게 하면 그 사람의 이도 상하게 한다.'고 되어 있다.[2]

이 때문에 함무라비 법전은 눈과 혀를 뽑고 뼈를 부러뜨리는 잔인한 법률로 잘 알려져 있지만, 죄가 있음이 확인되기 이전까지는 무죄로 추정한 최초의 법이라는 영예도 가지고 있다. 그럼에도 불구하고 인권이 발달된 오늘날의 관점에서는 복수가 정의라는 것을 받아들이기는 어렵다.

2. 플라톤의 정의

『공화국(Republic)』은 플라톤이 그의 스승인 소크라테스의 대화를 담은 책이다. 10권으로 이루어진 이 책에서 플라톤은 정의가 무엇인지, 정의로운 국가는 어떤 특징을 가지고 있는지, 가장 이상적인 국가는 어떤 국가인지에 대해 쓰고 있다.

1권에서 소크라테스는 케팔로스, 폴레마르코스, 트라시마코스 등에게 정의가 무엇인지 묻는다.[3] 먼저 케팔로스는 정의는 빚을 갚는

---

[2] 네이버 지식백과, 『세계사 다이제스트 100』 "눈에는 눈, 이에는 이 함무라비법전," History, "Code of Hammurabi."
(https://www.history.com/topics/ancient-history/hammurabi)

[3] 플라톤, 『플라톤의 국가론』, 최현 옮김, 집문당, 2018, pp.11-58.

플라톤
(B.C.427~347)
소크라테스
(B.C.470~399)
아리스토텔레스
(B.C.384~322)

것이라고 한다. 소크라테스는 친구에게 무기를 빌렸다고 친구가 미친 이후에 무기를 돌려주는 것은 정의가 아님을 지적하며, 빚을 갚는 것이 삶의 보편적인 원칙이 될 수 없음을 지적한다.

폴레마르코스는 정의는 친구에게는 좋은 것을 주는 것이고 적에게는 나쁜 것을 주는 것이라고 한다.

이에 소크라테스는 약이나 음식도 친구에게만 좋은 것을 주어야 하는가라고 질문한다. 오늘날의 관점에서 보면 적에게도 음식과 약은 주어야 한다는 인도적인 지적이다. 또 소크라테스는 우리는 누가 친구인지 또 적인지 알지 못한다고 지적한다. 인식의 한계로 인해 친구와 적을 구분할 수 없는데, 친구에게만 잘하겠다는 것은 정의가 아니라고 한다.

트라시마코스는 정의는 강자의 이익이라고 주장한다. 모든 인간이 자신의 이익을 추구하지만, 강자는 자신의 이익을 실현할 수 있다는 것이다. 국가에서 가장 강한 것은 정부인데, 정부를 장악한 지배자들은 자신의 이익을 실현하기 위해 법을 만들고, 법을 어기면 처벌한다고 주장한다. 이에 소크라테스는 양치기가 양을 돌보는 것은 양을 위한 것이지 돈을 벌기 위한 것이 아니고, 의사가 공부하고 진료하는 것은 환자를 위한 것이지 돈을 벌기 위한 것이 아니라고 지적한다. 마찬가지로 정부는 공동체를 위해 일을 한다고 주장한다.

트라시마코스는 다시 주장한다. 양치기는 양을 위해서가 아니라 양치기의 이익을 위해 일을 한다고 주장한다. 또, 정의롭지 못함은 정의로움보다 우월하며, 정의롭지 못함은 행복을 가져다준다고 주장한다. 따라서 자신의 욕망을 다 만족시킬 수 있는 독재자가 정의롭지 못하지만 행복한 사람이라고 주장한다.

이에 소크라테스는 정의로운 사람과 정의롭지 않은 사람을 다음과 같이 구분한다. 정의로운 사람은 지혜롭고 좋은 사람이지만, 정의롭지 않은 사람은 무지하고 나쁜 사람이다. 따라서 정의로운 사람이 지혜와 덕성에 있어서 우월할 뿐 아니라 내적 부조화가 없기 때문에 효과적으로 행동한다고 말한다.

소크라테스는 정의로운 사람은 지혜롭기 때문에 한계의 원칙을 안다고 주장한다. 제한되지 않는 자기 확신은 강함이 아니며, 제한되지 않는 욕망과 주장은 갈등을 만들 뿐이라고 주장한다. 따라서 정의로운 사람의 삶이 더 낫고 행복하다고 지적한다.

그럼 정의는 무엇인가? 플라톤은 인간의 정신은 이성, 욕구, 의지로 구성되는데, 이 세 부분이 서로 간섭하지 않고 제대로 작동하는 것이 정의라고 한다. 예를 들어, 지혜와 예지력으로 이성이 인간의 정신을 지배해야 한다. 의지는 이성의 지배에 종속되어야 하는데, 이성과 의지는 정신적, 육체적 수양을 통해 조화를 이루어야 한다. 인간의 정신에서 가장 많은 부분을 차지하는 것은 욕망인데, 이성과 의지가 이를 통제해야 한다. 이성과 의지가 욕망을 통제하지 못하면 육체적 쾌락을 탐하는 욕망이 커나간다고 한다.

플라톤은 공동체도 인간 정신과 마찬가지로 통치자, 군인, 생산자의 세 부분으로 이루어져 있는데, 통치자는 이성에, 군인은 의지에, 생산자는 욕망에 해당한다고 한다. 플라톤은 공동체의 정의는 이 세 부분이 서로 간섭하지 않고 제대로 작동하는 것이라고 한다.

특히 플라톤은 정의로운 국가는 철학자가 다스리는 국가여야 한다고 하는데, 정치인은 인민들이 원하는 것을 줌으로써 권력을 얻으려고 하는 것에 반해, 철학자는 무엇이 옳은지 알고, 국가를 위해 옳은 것을 행하기 때문이라고 한다. 국가는 망망대해에 떠 있는 배와 같은데, 정치인은 술 취한 선장과 그 선장에게 영향을 미쳐서 권력을 얻고자 하는 전문가들과 같아서 배가 안전하게 항구에 다다르는 것은 불가능하다고 한다. 오직 철학자만이 배가 안전하게 항구에 들어가도록 할 수 있다고 한다.

이러한 플라톤의 주장은 오늘날의 관점에서 보면 많은 한계가 있다. 예를 들어, 손과 발이 머리의 역할을 할 수는 없으므로 '각자의 자리'에서 최선을 다해야 한다는 주장은 계급주의적 세계관을 바탕으로 한 것으로 볼 수 있다. 또, 대중이 원하는 것은 선이 아니고 철학자만이 선을 안다는 주장도 오늘날 민주주의와는 맞지 않는 엘리트주의라고 할 수 있다.

3. 아리스토텔레스의 정의

아리스토텔레스는 윤리적 덕 중에서 최상은 정의라고 주장한다. 다른 윤리적인 덕과 달리 정의는 개인적 관점이 아니라 정치공동체의 관점에서 필요한 윤리적 덕이라고 하는데, 크게 두 가지로 구분된다고 한다. 첫째는 법과 관련된 보편적 정의이고, 둘째는 공정과

평등함이 관련된 특수한 정의다.

먼저 아리스토텔레스는 법과 관련된 보편적 정의에 대해 이렇게 설명하고 있다. 법을 어기는 사람은 정의롭지 못한 사람이며, 법을 존중하고 지키는 사람은 정의로운 사람이다. 이때 법이라 하면 법전에 적혀있는 성문법만 아니라 관습법, 불문율과 같은 모든 행위를 구속하는 규범이라고 한다.4) 이러한 아리스토텔레스의 보편적 정의론은 악법도 법이라고 하며 독배를 마신 소크라테스 만큼이나 법을 중시하고 있음을 볼 수 있다.

물론 아리스토텔레스가 모든 법을 옹호하고 있는 것은 아니다. 법도 정의로운 법과 그렇지 않은 법으로 나누어지는데, 공동체의 이익과 행복의 증진에 기여해야만 정의로운 법이라고 한다. 다시 말해 공동체의 이익과 행복의 증진이라는 목적(telos)에 기여하는 법이 정의로운 법이고, 그 법을 지키는 것이 정의인 것이다.

아리스토텔레스의 특수정의는 모두에게 적용되는 것이 아니라 제한된 영역에서만 적용된다. 특수정의에서는 시정적 정의와 분배적 정의가 있다고 한다. 시정적 정의는 시장에서의 교환과 같이 자발적인 교환이나 도둑이나 모욕과 같은 비자발적인 교환에 적용되며, 득과 실에 있어서의 불평등을 시정하는 정의라고 한다.

아리스토텔레스는 시정적 정의는 균등, 즉 이득과 손실의 중간이라고 한다. 이 때문에 교환에서 분쟁이 생기면 재판관에 소송을 하는데, 재판관은 중간을 얻는 자라고 지적하고 있다. 5) 이에 반해 분

---

4) 아리스토텔레스, 『니코마스 윤리학』, 최명관 옮김, 창, 2008, pp.176-179.

5) 위의 책, pp.186-189.

배적 정의는 비례성에 바탕하고 있다고 한다.6) 구두장이가 만든 구두와 농부가 수확한 쌀 한 가마니의 가치가 동일하지 않기 때문에 1대 1로 교환할 수 없고, 가치에 비례해서 교환해야 하는 것처럼 분배적 정의는 비례의 원칙을 따르는 것이라고 한다.

공직, 명예와 같은 사회적 가치는 사회적 공헌도에 비례해 배분하는 것이 배분적 정의라고 한다. 예를 들어 피리가 하나 있다고 한다면, 그 피리는 피리 부는 뛰어난 재능이 있는 사람에게 주는 것이 피리의 목적을 가장 잘 달성할 수 있도록 한다고 한다. 마찬가지로 덕이 있는 사람이 사회를 위한 많은 공헌을 할 수 있기 때문에 가장 많은 덕을 가진 사람이 가장 많은 사회적 가치를 가지는 것이 바람직하고, 이것이 정의라고 한다.

아리스토텔레스의 분배적 정의관은 '비례성'이라고 하는 매우 중요한 개념을 만들어냈다는 점에서 높이 평가받아 마땅하다. 또, 국고 배분방식에서 보듯이 한국 사회가 비례성의 원칙을 얼마나 준수하고 있나 반성하게 된다. 그러나 사회적 활동에 제약이 있었던 노예나 여성은 사회적 공헌을 애초에 할 수 없음에도 불구하고, 그들이 사회적 혜택을 받지 못하는 것을 합리화한다는 점에서 시대적인 한계를 지니고 있다.

4. 정의는 신의 창조물인가 아니면 인간의 창조물인가?

종교에서 정의는 신의 명령이다. 대표적으로 모세의 십계명은 하

---

6) 위의 책, pp.183-185.

느님이 시나이 산에서 모세를 통해 이스라엘 백성에게 준 열 가지 계명이다. 중세와 같이 종교가 지배하던 시대의 정의는 신의 명령이고, 이러한 신의 명령을 지키는 사람이 정의로운 사람이었다.

그러나 근대의 시작과 더불어 상황은 달라진다. 정의가 신의 창조물이 아니라 인간의 창조물로 변화한다. 절대군주제를 지지하던 토마스 홉스는 절대적 주권을 가진 군주의 명령이 곧 정의라고 주장한다. 토마스 홉스는 정의는 곧 명령이라고 생각했다는 점에서 종교에서의 정의와 유사하지만, 신을 인간이 대체했다는 점에서 정의론에 있어서 변곡점이 되었다.

그러나 사회계약론자들은 토마스 홉스와 달리 정의는 일부 인간(예컨대 군주)의 창조물이 아니라 전체 인간의 창조물이라고 주장한다. 사회계약론자들은 정의는 군주의 명령이 아니라 당사자들의 상호합의에서 유래하는 것이며, 계약을 지키는 것이 정의라고 주장한다. 또, 국가와 같이 다수와의 계약에 있어서는 모두가 편견이 없고 평등한 가상의 상황에서 합의할 수 있는 것이 정의라고 한다. 결국 인류의 역사가 자유와 평등, 그리고 민주주의를 쟁취해 온 역사이듯, 정의론도 그렇게 변화해 왔다.

정의에 대한 다양한 관점들

1. 공리주의자들의 정의론

'최대다수의 최대행복'이 정의라는 공리주의(utilitarianism)는 18세기말 영국의 벤담(Jeremy Bentham)에 의해 시작되었다. 공리주의도 지금의 관점에서는 여러 비판을 받고 있지만, 당시로서는 현실에 대한 비판과 보다 나은 사회를 만들고자 하는 염원이 들어 있었다. 당시는 종교가 정치권력을 더 이상 지배하지는 않았지만 종교의 가르침이 윤리의 기본이었는데, 벤담은 인간중심의 윤리를 만들고자 했다. 이 때문에 벤담은 신성이 아니라 인간이 일상적으로 느끼고 생각하는 과정에서 발생하는 물리적 감각인 쾌락과 고통에서 윤리의 근거를 찾아야 한다고 주장한다.

또한 벤담은 산업혁명 이후 지나치게 개인의 이익을 추구하는 세태를 비판하고 개인의 이익과 전체의 이익을 접목시키고자 한다. 다시 말해 최대다수의 최대 행복이 정의이므로 구성원의 최대 행복을 추구해야 한다고 주장한다.

결국 공리주의에 따르면 개인적 차원에서 타인에게 해를 주지 않으면서 최대행복을 성취하는 것이 정의이며, 사회적 차원에서는 사회 전체의 행복을 최대화시키는 것이 정의다. 이러한 공리주의는 개인의 존엄성을 무시할 수 있다는 점과 더불어, 사회 내에서 어떻게 배분할 것인가의 문제를 생각하지 않고 있다는 점에서 한계가 있다.

예를 들어 <그림 7-1>의 왼쪽 그림을 가정해 보자. 기차가 달려오고 있는데, 한쪽 레일에는 5명의 철도노동자가 일하고 있고 다른 한 레일에는 1명의 노동자가 일하고 있다. 그들은 모두 귀막이를 하고 있어서 기차가 오는 소리를 듣지 못하는 상황이다. 만약 여러분 앞에 있는 선로전환 스위치만 당기면 기차가 가는 레일을 바꿀 수 있다고 가정한다면, 여러분은 어떻게 하겠는가? 공리주의자들은 틀림없이 5명을 구하는 대신 1명을 희생하자고 할 것이다.

〈그림 7-1〉 공리주의적 윤리의 모호성7)

<그림 7-1>의 오른쪽 그림은 기차가 오고 있는데, 다섯 명의 노동자들이 일을 하고 있다. 다리 위에는 한 명의 사람이 있고, 기차를 멈추지 않으면 5명의 사람들이 목숨을 잃게 된다고 가정한다

---

7) Brandon Keim, "The Cloudy Ethics of Utilitarianism," Wired.Com, 2008. https://www.wired.com/2008/10/the-dilemma-of/

면, 아마 공리주의자들은 다리 위의 한 명의 사람을 밀어서 열차를 세울 것이라고 답할지도 모른다. 한 명의 희생으로 다섯 명이 행복할 수 있다고 판단하기 때문이다. 그러나 대부분의 사람들은 자신이 뛰어내려서 기차를 막으면 막았지 다른 사람을 밀지는 못할 것이다.

사실 위의 가상적 상황을 놓고 심리학자들이 실험한 결과를 보면, 왼쪽 그림과 같은 상황에서는 다섯 명을 살리고 한 명을 희생하는 경향이 있지만, 오른쪽 그림과 같은 상황에서는 다섯 명을 살리기 위해 한 명을 희생하지는 않는다고 한다.

어쩌면 이런 상황을 상정하는 것 자체가 인간의 존엄성을 가벼이 여기는 것이라고 비판받아 마땅하다. 한 인간의 생명은 온 우주만큼 귀중한 것이고, 한 인간의 삶과 행복은 그 무엇과도 바꿀 수 없을 정도로 귀중한 것인데, 공리주의는 인간의 생명과 행복을 수로 셀 수 있다는 출발 자체가 잘못되었다고 비난을 받고 있다.

다른 한편에서는 <표 7-1>과 같은 가상적인 상황을 생각해보면 분배를 생각하지 않는 공리주의의 문제점이 드러난다.

<표 7-1> 공리주의와 분배

	예 1	예 2	예 3
A	20	10	40
B	10	10	2
합계	30	20	42
차이	10	0	38

위의 표에서 보듯이 예1과 예2, 예3과 같이 부를 분배하는 사회가 있다고 가정해 보자. 어느 사회가 가장 정의로운 사회일까? 공리주의자들에 의하면 당연히 전체의 합이 가장 큰 예3이라고 할 수 있다. 예3과 같은 사회에서 만일 여러분이 우연히도 B라고 한다면 행복할까? 모든 사회구성원이 최소한의 삶을 보장받아야 하지 않을까? 공리주의는 사회 전체의 부의 크기를 생각할 뿐 분배의 문제를 고려하지 않는 한계가 있다.

한편 예2와 같은 사회는 일을 열심히 하나 하지 않으나 완전히 똑같이 분배하는 사회로, 공유지의 비극에서 보듯이 사회 전체가 피폐해질 것을 예상할 수 있다.

2. 분배적 정의

분배적 정의는 사회 구성원에게 자원과 의무를 어떻게 배분해야 하는가에 대한 원칙이다. 그러나 무엇이 분배적 정의인지에 대해서는 다양한 이론이 있다.

① 능력과 업적에 따른 분배

능력과 업적에 따른 분배는 사회구성원의 책임의식, 성취욕을 자극할 수 있어서 생성성이 높은 사회가 될 수 있다. 그러나 능력과 업적도 온전히 자신의 것이라고 할 수 없는데 지나치게 많은 보상을 한다는 문제가 있다.

예를 들어, 조선시대와 같이 두발을 기르는 사회에서는 두발을 매만지는 데 솜씨가 있는 사람이라고 할지라도 이러한 솜씨를 통해서

부를 축적할 수 없었던 것에 반해, 오늘날 솜씨 있는 헤어디자이너는 많은 돈을 벌 수 있다.

이는 헤어디자이너가 돈을 번 것이 순전히 자신의 능력 때문이 아니라 두발을 다듬는 능력이 중시되는 사회에 태어난 '운'이 작용했음을 뜻하는 것일 뿐 아니라 두발 다듬는 데 많은 비용을 들이는 사회를 만든 사회구성원들의 덕이기도 한 것이다. 따라서 능력과 업적에 따른 배분만을 강조할 때에는 우연히도 운이 나빠서 자신이 가지고 있는 소질이 돈을 벌 수 없는 사회에 태어난 사람들을 배려하지 못하는 문제가 있다.

물론 어느 계급에서 속하는가에 따라서 자원을 분배하는 사회보다는 능력과 업적에 따라 분배하는 사회가 훨씬 정의로운 사회임은 두말할 필요가 없다.

② 절대적으로 평등한 분배

사회 구성원 간의 차이를 고려하지 않고 모든 사람에게 동일하게 분배하는 것이다. 이와 같이 모든 구성원에게 똑같이 분배하는 것은 모든 사람을 동일한 인격체로 대우하고 사회구성원 모두에게 혜택을 골고루 나누어줄 수 있는 장점이 있다.

그러나 문제는 다음 그림의 왼편과 같이 디딤돌이 필요한 학생이나 그렇지 않은 학생이나 똑 같이 나누어주어는 것은 자원만 낭비하고 실제 필요로 하는 사람은 이용하지 못하는 문제가 생길 수 있다.

〈그림 7-2〉 평등과 형평

③ 필요에 따른 분배

마르크스는 1875년 『고타강령 비판』에서 '능력에 따른 분배에서 필요에 따른 분배로'라는 슬로건을 주장한다. 『고타강령 비판』을 좀 더 인용해 보면, "발전된 공산주의에서 노동의 분업에 노예적으로 종속되지 않고 정신노동과 육체노동의 대립이 사라지고 나면, 노동이 삶의 수단일 뿐 아니라 노동이 삶의 필수가 되고 나면, 개인의 전인적 발전과 함께 생산력은 증가하고 협동적인 부의 샘이 풍부하게 흘러넘치고 나면, … 능력에서 필요로!"[8]

필요에 따라 자원을 배분받을 수 있다면 사회적 약자나 소외된 사람이 없는 사회가 가능할지도 모른다. 그러나 마르크스 자신도 지적했지만, 부의 샘이 풍부하게 흘러넘쳐야 가능하다는 점에서 전면적인 필요에 따른 분배는 현실에서는 불가능하다고 할 수 있다.

---

8) Karl Marx, *Critique of the Gotha Program*, 1875, Part 1, In *Marx/Engels Selected Works*, Volume Three, pp.13-30, Progress Publishers, Moscow, 1970.

④ 롤즈의 정의론

앞에서 본 것처럼 공리주의는 분배적 정의에 대해 답하지 못하고 한계가 있고, 분배적 정의를 다루는 다양한 이론들도 그 나름의 한계가 있는데, 롤즈는 이러한 한계를 극복할 수 있는 새로운 분배 정의의 원칙을 세우고자 한다.[9]

롤즈는 모두가 합의할 수 있는 정의의 원칙을 끌어내기 위해 먼저 원초적 입장을 가정한다. 원초적 입장은 무지의 베일이 작동하고 있는데, 합의 당사자들이 자신은 물론이고 상대방의 지위나 계층, 천부적 자산과 능력, 지능과 체력 등에 대해서 알지 못해야 한다고 주장한다. 또 당사자들이 속한 사회의 특수한 사정, 즉 사회적, 경제적 상황, 문명이나 문화의 수준, 또는 자신이 어떤 세대에 속하는지도 몰라야 한다고 한다.

롤즈는 이러한 원초적 입장으로부터 모두가 동의할 수 있는 정의의 원칙으로 평등한 자유의 원칙과 차등의 원칙을 도출해 낸다.

- **평등한 자유의 원칙**: 정치적 자유, 언론과 집회의 자유, 사상의 자유, 사유재산의 자유, 부당한 구속과 체포로 부터의 자유 등 모든 구성원에게 동등한 자유가 보장되어야 한다. 특정인이 다른 사람보다 더 많은 자유를 누린다면 이는 정의로운 사회가 아닌 것이다.
- **차등의 원칙**: 세 부분으로 구성되어 있다.
    - ✓ 기회의 균등은 항상 보장되어야 한다.
    - ✓ 사회적, 경제적 불균등은 사회구성원 전체가 그 불균등으로 인해서 이득이 될 것으로 기대될 때 허용되어야 한다. 예를 들

---

[9] 존 롤즈, 『공정으로서의 정의』, 김주휘 옮김, 이학사, 2016.

어 대기업과 중소기업 간의 불균등이 있지만, 이것이 사회구성원 모두에게 이득이 되면 허용되어야 한다는 것이다. 그러나 대기업이 큰 몸집을 이용해 중소기업을 괴롭힌다면 불균등은 허용해서는 안 된다.
- ✓ 최소극대화의 원칙이 지켜져야 한다. 다시 말해, 가장 불리한 입장에 처해 있는 사회구성원들의 후생수준을 극대화시키는 소득재분배 정책이 취해져야 한다.

그럼 정의는 무엇인가?

앞에서 살펴본 것처럼 인류가 시작된 이래로 정의가 무엇인지는 계속 고민되어 왔다. 그러나 여전히 우리는 정의가 무엇인지, 어떤 사회가 정의로운 사회인지에 대한 질문을 하게 된다. 완벽하지는 않지만, 이에 대해서 다음과 같이 답하고자 한다.

첫째, 인권과 자유를 보장하고, 다양성을 존중한다.

둘째, 공정한 분배를 위해 분배과정의 이익충돌을 배제한다.

셋째, 공정한 분배를 위해서는 비례성의 원칙을 적용하지만, 롤즈의 최소극대화의 원칙처럼 그 사회의 혜택을 가장 덜 받는 집단에 대해서는 최대한의 배려를 하는 것이다.

1. 인권과 자유, 그리고 다양성 보장

모든 사람은 자유롭고 평등하게 태어났고, 동등한 존엄과 권리를 보장해야 한다. 인종이나 피부색, 성별이나 언어, 종교, 정치적 입장,

국적 혹은 지역, 재산유무, 연령 등 그 어떤 차이에도 불구하고 인간의 존엄과 인권에 있어서 차별이 있으면 안 된다. 인간의 존엄성과 인권을 보호하는 것은 국가의 의무이기도 하지만, 우리 스스로 다른 사람의 존엄성과 인권을 존중해야 한다.

인간의 존엄성과 인권 존중은 말로는 쉽지만 실천은 상당히 어렵다. 학교나 직장 등에서 발생하는 수많은 왕따와 집단 괴롭힘은 물론이며, 타 인종에 대해 보이는 배타성에 이르기까지 여전히 인간의 존엄성과 인권이 무시되는 현장은 안타깝지만 어렵지 않게 찾을 수 있다.

또한 롤즈의 주장처럼 모든 사람은 인종, 종교, 연령, 성별 등의 차이에도 불구하고 정치참여의 자유, 종교의 자유, 사상과 언론의 자유, 출판의 자유, 집회의 자유 등 자유를 평등하게 누릴 수 있어야 한다. 이러한 자유는 국가권력에 의해서 침해되어서도 안 되지만, 우리들 스스로 다른 사람의 자유를 침해하지 않도록 해야 한다.

역사적으로 처참하고 끔찍한 종교에 대한 박해, 정치적 반대자에 대한 탄압, 언론에 대한 위협, 소수집단에 대한 탄압은 정치권력을 쥔 집단이 권력을 유지하는 명분을 만들어내기 위해서 자행하거나, 혹은 정치권력을 잡기 위해 다른 집단에 대한 공포심이나 적개심을 불러일으켜서 자행된 경우가 대부분이다.

인간의 존엄성과 인권에 대한 위협은 평범한 보통 사람들에 의해서도 자행된다. 다름을 틀림으로 인식하거나 약한 것을 열등한 것으로 인식하는 데서 차별이 생긴다. 그러나 「미스터 선샤인」의 유진처럼 사회의 변화에 따라 열등한 집단에 속해 있던 사람이 우월한 집단의 일원으로 바뀌기도 하며, 흥부와 놀부처럼 부자가 가난해지기도 하고 가난한 자가 부자가 되기도 한다. 인간의 신체적 힘도 약함에서 강함으로 그리고 다시 약함으로 변화한다. 이는 다른 사람에 대한 차별이 곧 나에 대한 차별일 수 있음을 의미한다.

뿐만 아니라 온전히 동일한 집단은 생존력이 약화되고 그 집단 속에 있는 자신이나 자신의 후손의 생존력도 약화될 수 있지만, 다양성이 보장되는 사회는 생존력도 강하다. 이미 생물학에서는 잘 알려진 사실이다.

같은 종이라도 개체마다 서로 다른 유전자를 가지고 있어서 다양한 형질이 나타나는 유전적 다양성을 가진 종이 환경변화에서 살아남을 가능성이 큰 것에 반해, 유전적 다양성이 없는 종은 환경이 급변할 때 환경변화에 적응하지 못하고 멸종할 가능성이 크다고 한다. 마찬가지로 생물종 다양성이 높을수록 먹이 그물이 복잡하게 형성되어 생태계가 안정적으로 유지된다고 한다.

경제도 마찬가지다. 정보지식 경제에서 부를 창출하는 핵심 요인은 창의성인데, 다양성이 바로 창의성의 어머니다. 창의성은 두 개 이상의 정보를 결합해 새로운 아이디어를 만들어내는 과정인데, 새로운 아이디어는 기존의 생각방식과 다르게 생각하는 데서 만들어진다. 다시 말해 사고의 다양화가 창의성을 낳기 때문에 다양한 학문과 문화, 예술작품을 접해서 사고를 다양화하는 것이 창의성을 증진시킨다.

집단이나 사회에 있어서도 마찬가지다. 다양한 전공을 한 사람들, 다양한 문화적 경험을 가진 사람들, 다양한 생각을 가진 사람들이 함께 일하거나 의사결정을 할수록 집단사고의 위험에 빠질 가능성이 줄어들 뿐 아니라 지식에 대한 폭 넓은 이해를 바탕으로 새로운 아이디어를 만들어낼 가능성이 크다. 결국 다양성을 인정하고 공존하는 것이 나의 삶을 더 향상시키는 것이며, 다른 사람의 인권을 존중하는 것은 곧 나의 인권을 존중하는 방법이다.

그로 미셸(Gros Michel) 바나나의 멸종

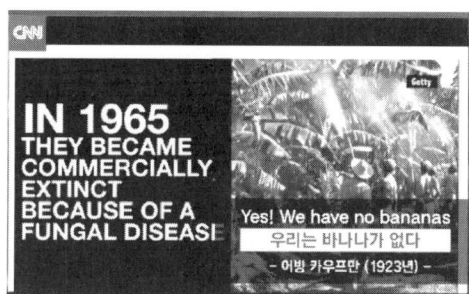

1950년대까지 인류가 먹던 바나나는 그로 미셸이었다. 진한 맛과 달콤한 향으로 인해 오늘날 인공적으로 만든 바나나향은 모두 그로 미셸의 향을 재현한 것이다. 너무 맛있는 게 탈이었다. 모든 농장은 그로 미셸만을 재배했고, 바나나의 암이라고 일컬어지는 파나마병이 유행하자 그로 미셸은 이를 이겨내지 못하고 멸종했다. 단일종이 환경의 변화에 취약함을 그대로 드러낸 것이다.

현재 우리가 먹는 바나나는 캐번디시(Cavendish)다. 그로 미셸보다는 작고 맛이 덜하다. 지금도 캐번디시 한 종만 키우고 있기 때문에 그로 미셸처럼 멸종할 위험이 있다고 한다.

2. 분배과정의 공정성

시장이나 정치나 가장 중요한 기능은 누가 무엇을 얼마나 가져야 하는지, 혹은 누가 무엇을 얼마나 부담해야 하는지 분배하는 것이다. 분배가 정의롭게 이루어지기 위해서는 분배의 과정과 방식이 모두 공정해야 하는데, 먼저 분배과정의 정의를 살펴보자.

먼저 피자 한 조각을 엄청나게 배가 고픈 두 아이가 나눠먹는다고 생각해 보자. 어떻게 나눠 먹는 게 가장 공정할까? 서로 돌아가면서 한 입씩 베어 먹는다고 가정해 보면, 적지 않은 경우에 누가 더 크게 베어 먹었는가를 두고 싸움이 일어날 것이다. 그럼 어떻게 해야 할까? 두 아이가 싸우지 않고 나눠 먹을 수 있는 가장 좋은 방법은 한 아이가 칼로 피자를 자르고, 다른 아이가 잘라진 두 조각 중에서 한 조각을 먼저 선택하는 것이다. 이렇게 원칙을 정하면, 칼을 들고 피자를 자르는 아이는 최대한 두 쪽의 크기가 동일하게 자르려고 할 것이고, 먼저 선택하는 아이도 자기가 먼저 선택했기 때문에 아무런 불만이 없게 된다.

이 얘기를 조금 더 풀어 쓰면, 칼로 피자를 자르는 아이가 먼저 선택한다면 그 아이는 한 쪽을 크게 잘라서 자신이 가질 가능성이 있다. 물론 아이가 착해서 두 조각의 크기를 똑같이 잘랐다고 해도, 뒤에 선택하는 아이는 마음속에 불만이 생길 수 있다. 그러나 피자를 자르는 아이가 나중에 선택한다면 먼저 선택한 아이는 어떤 불만도 가지지 않게 된다.

칼을 쥔 아이가 먼저 선택하게 된다면, 칼을 쥔 아이는 자신의 것을 좀 더 크게 자르려는 유혹이 생길 수 있는데, 이것을 '이익충돌'이라고 한다. 공정한 분배가 이루어지려면 칼을 쥔 아이가 나중에 선택한 것처럼 이익충돌이 일어나는 것을 배제해야 한다.

이익충돌의 배제방법은 롤즈가 제안한 것처럼 무지의 베일이 작동하게 하는 방법이 있다. 예를 들어, 대학입시를 위한 자기소개서에 부모의 직업을 적지 못하도록 하는 것이나 음대입시에서 채점자가 수험생의 얼굴을 보지 못하도록 장막을 치고 실기시험을 보는 것은 무지의 베일을 통해 이익충돌을 배제하는 것이다.

투명성의 확보를 통해 이익충돌을 배제하는 방법도 있다. 정치자금 기부자의 신원을 공개함으로써 자신에게 정치자금을 기부한 사람의 이익을 정책에 과도하게 반영하는 것을 막기도 하며, 의원들의 표결을 공개함으로써 어느 의원이 누구의 이익을 위해 표결에 임했는지 유권자가 알 수 있도록 함으로써 의원이 특정한 이익만을 대변하는 것을 막기도 한다.

보다 직접적으로는 이익충돌이 있는 사람을 의사결정과정에 참여할 수 없도록 하는 방법도 있는데, 이를 제척이라고 한다. 예를 들면, 대학은 수험생을 둔 교수를 대학입시과정에서 배제하며, 법원은 피의자와 친족인 관계가 있는 판사는 재판에서 제외한다.

3. 공정한 분배의 원칙

한 클래스의 학생들이 자신이 퀴즈에서 몇 개를 맞췄는지 모른다고 가정하면, 학생들이 모두가 동의할 수 있는 점수 산출방식은 맞춘 정답의 개수에 비례해 점수를 부여하는 것일 것이다. 이렇게 일한 만큼, 생산한 만큼, 공헌한 만큼 비례해서 보상하거나, 사용한 만큼 비례해서 부담을 부과하는 것을 비례성의 원칙이라고 한다. 이러한 비례성의 원칙이 공정한 배분의 첫 번째 원칙이다.

그러나 우리는 우리가 선택하지 않은 우연한 요인으로 인해 충분히 노력해도 좋은 성과를 낼 수 없을 수 있고, 우연히도 내가 가진 재능이 많은 돈을 벌 수 있는 사회에 태어날 수도 있다. 그러나 그 우연이라는 것도 자세히 따져보면 그 사회 구성원 전체가 만들어낸 것이다.

이솝 우화 개미와 베짱이 이야기를 예로 들어보자. 2,500여 년 전의 개미는 겨울을 대비해 한 여름 내내 식량을 준비한 덕택에 겨울이 와도 아무 걱정 없이 지낼 수 있지만, 따뜻한 계절 동안 노래만 부르며 시간을 보낸 베짱이는 겨울에 굶주림으로 고통 받는다.

개미와 베짱이 이야기는 여름에 열심히 농사를 지어야 겨울에 굶어죽지 않는다는 농경시대의 지혜를 담고 있는 이야기인데, 현재를 배경으로 윤색한다면 전혀 다른 결과를 낳을 수 있다. 2,500년 후의 개미도 여전히 열심히 일하지만 굶어죽지 않을 만큼의 곡식만 있을 뿐이다. 그러나 베짱이는 노래 한 곡이 대박이 나면서 큰 부자가 되었다.

개미와 베짱이가 가진 재능은 2,500년 전이나 지금이나 동일하지만, 사회의 변화에 따라 그들이 가진 재능의 가치가 달라진 것이다. 또, 어느 재능이 어느 정도의 가치가 있는지를 결정하는 것은 그 사회 전체 구성원이라고 할 수 있다. 따라서 개인이 이룬 성취는 그 자신의 것만이 아니라 그런 사회를 만든 모두의 덕택인 것이다.

결국 개인이 얻은 성취의 상당부분은 그 사회 전체의 기여에 의해서 이루어진 것임을 감안한다면, 우연히도 현 사회에서 가치가 높은 재능을 가진 사람이 좀 더 부담하고 우연히도 현 사회에서 가치가 높지 않은 재능을 가진 사람에게 좀 더 배분해야 한다. 이것이 공정한 분배의 두 번째 원칙이다.

□ 생각하기 □

1. 한 학급의 학생들이 가장 공정하게 급식 먹는 순서를 디자인해 보자.

2. 공중화장실에서 한 줄을 서는 것과 각 칸마다 줄을 서는 것 중 어느 것이 더 공정한지 생각해 보자.

3. 50명의 남학생과 50명의 여학생이 있는 학교에 화장실 10개를 만든다고 가정해 보자. 남자 화장실과 여자 화장실을 각각 몇 개 만드는 것이 공정한지 생각해 보자.

4. 우리 주변의 인권침해 사례를 찾아보자.

5. 비례성의 원칙이 지켜지지 않는 사례를 찾아보자.

6. 최소최대화의 원칙을 적용하는 것이 바람직한 사례를 생각해보자.

8
리더와 리더십

리더와 리더십

1장에서 얘기한 숲속 동물들의 마을로 돌아가 보자. 동물들이 여기저기에 배변을 함에 따라 숲속이 더러워질 때 적지 않은 동물들이 이대로는 안 된다고 생각한다. 그러나 대부분의 동물은 문제를 해결하기 위해 나서기보다는 다른 숲을 찾아서 떠난다. 대부분 '내가 나서봤자 무엇을 할 수 있겠어?' 혹은 '괜히 내가 나섰다가 혼자서 화장실을 만드는 덤터기를 쓰는 것 아니야?'라고 생각하기 때문이다.

이때 토끼가 나서서 "다른 숲을 찾아서 무작정 떠나서는 안 된다. 우리 선조들이 살아왔던 이 숲을 지켜야 한다"고 동물들을 설득한다. 동물들이 힘을 모아서 화장실을 만든다면 다시 깨끗한 숲을 만들 수 있다고 설득한다. 토끼의 말에 찬성하는 동물도 있지만, 대부분의 동물들은 되겠냐고 의심을 하거나, 화장실 만드는 데 필요한 돈을 낼 수 없다고 등을 돌린다.

토끼는 화장실을 만드는 데 반대하는 동물들을 집집마다 찾아다니며 함께 힘을 합치면 해낼 수 있다고 설득한다. 그리고 마침내 동물들은 화장실을 만드는 데 동의한다.

토끼는 화장실을 만든다는 목표를 세우고 동물들을 설득해 어렵사리 이 목표에 동의하도록 했다. 여기까지도 어려운 일이지만, 앞으로가 더 어렵다. 동물들이 화장실을 만드는 것에 동의했다고 해도, 화장실을 만드는 데 들어가는 비용을 부담하는 데는 동의하지 않을 수 있기 때문이다. 계획이 실천되도록 하기 위해서는 좀 더 상세한 액션플랜을 만들어야 한다. 화장실은 어떤 모양으로 만들 것인지, 그에 소용되는 비용은 얼마나 드는지, 또 누가 얼마를 부담할 것인지 구체적인 계획을 만들어야 한다.

구체적인 계획이 나오면 동물마을은 또 한 번 술렁이게 된다. 돈이 없어서 비용을 낼 수 없다는 동물, 다른 동물보다 똥을 조금밖에 안 누는데 왜 비용은 동일하게 부담해야 하느냐는 동물, 나무 위에 살기 때문에 숲이 더러워도 별 상관이 없다는 동물 등 다양한 불만이 터져 나온다. 토끼는 동물들의 불만 중 정당한 것은 받아들여서 액션플랜의 일부를 바꾸고 다시 동물들을 설득한다. 그리고 마침내 동물들의 동의를 다시 얻어서 화장실을 만든다.

리더는 토끼처럼 공동체의 더 나은 미래를 만들기 위해 목표를 만들고, 그 목표를 구성원들이 받아들이도록 설득하며, 구체적인 액션플랜을 만들어 그 플랜이 실행되도록 하는 사람이라고 할 수 있다. 또 리더십은 생각을 현실로 만들어내는 능력, 다른 사람이나 집단 혹은 공동체의 생각과 행위를 변화시키는 능력이라고 할 수 있는데, 이 장에서는 좋은 리더와 리더십은 무엇인지 생각해 보자.

리더십 연구의 역사적 변화

인간이 무리를 지어 생활한 이래 리더는 존재했으며, 리더에 대한 연구 역시 고대에서부터 오늘에 이르기까지 계속되었다. 여기서는 각 시대마다 리더와 리더십에 대해서 어떻게 바라보았는지 갈무리해 보자.

1. 위대한 사람 이론

『영웅과 영웅숭배론(On Heroes, Hero-Warship, and The Heroic in History)』의 저자 칼라일(Carlyle, 1795-1881)은 세계의 역사는 위인전기에 지나지 않는다고 단언했다.[1] 칼라일를 비롯해 과거의 사상가들은 위인, 즉 위대한 사람(great men)이 역사를 지배하고, 또 바꾸어왔다고 생각해 왔다. 리더는 보통 사람과 다른 뛰어난 지략, 결단력, 용기, 인내력, 포용력, 예지력 등과 같은 정신적 힘을 가지고 있을 뿐 아니라 육체적으로도 강한 힘을 가진 경우가 대부분인데, 이러한 리더의 탁월성은 후천적으로 만들어진 것이 아니라 선천적으로 주어진 것이라고 생각했다. 또 리더의 탁월함은 보통사람들을 지배하기 위한 것이라고 생각했다.

플루타르크『영웅전』이나 칼라일의『영웅과 영웅숭배론』, 그리고 『사기열전』이나『삼국지』와 같은 동서양의 책들은 알렉산더 대왕,

---

1) Thomas Carlyle, *On Heroes, Hero-Warship, and The Heroic in History*, N.J The University of Nebraska Press, 1966.

율리우스 시저, 유비와 조조 등과 같은 그 시대의 영웅이 어떤 탁월함을 지니고 있는지, 그리고 그들의 야망과 전략, 사랑과 우정, 질투에 의해 역사가 만들어져왔음을 보여준다.

물론 고대의 사상가들도 영웅의 탁월성을 찬양했던 것만은 아니다. 예를 들면, 플라톤(Plato, 기원전 427-347)은 철인왕이 통치해야 한다고 주장했는데, 철인왕은 정치권력과 지혜를 동시에 지니고 있기 때문에 국가에서 끊임없이 발생하는 문제를 해결하고, 행복과 정의를 가져올 수 있다고 주장한다.2) 이러한 플라톤의 주장을 오늘날의 감각으로 해석한다면 리더는 사회정의와 구성원의 행복을 구현하는 지혜가 필요하다고 할 수 있다.

플라톤과 비슷한 시기에 살았던 노자(老子, 기원전 579?-499?)는 통치자는 두 가지의 과제가 있는데, 하나는 자신을 살리는 것이며, 다른 하나는 백성을 살리는 것이라고 한다. 그런데 이 두 과제는 서로 배타적인 것이 아니라고 주장한다. 백성의 삶을 방해하는 가장 근본적인 것은 굶주림인데, 굶주림은 통치자가 너무 많이 빼앗아가기 때문이라고 한다. 굶주린 백성은 통치자를 따르지 않고 떠나기 때문에 백성의 굶

---

2) Plato, *The Republic*, Penguin Classics, 2nd ed., 2007, London: Penguin, p.192.

주림은 통치자의 자리도 위태롭게 한다고 한다. 그러나 반대로 통치자가 백성들에게서 많이 뺏어가지 않으면 백성의 삶은 풍족해지고, 풍족해진 백성은 스스로 통치자에게 복종하기 때문에 통치자의 자리도 안전하게 된다고 하는데, 이것이 노자의 무위사상이다.

노자의 생각은 국가가 적극적인 재정활동을 통해 국민의 삶을 안전하고 풍족하게 한다는 현대 복지국가 개념과는 거리가 있지만, 국민과 공동체의 안위를 먼저 생각하는 것이 지도자 스스로의 안위도 얻게 되는 것이라고 설파하고 있다는 점에서 지금도 유효한 주장이라고 할 수 있다.

영웅 알렉산더 대왕(기원전 356- 323)

알렉산더는 마케도니아의 왕 필리포스 2세의 아들로 태어났다. 아버지를 이어 20살에 왕위에 올라서 32살의 젊은 나이로 병사할 때까지 지중해에서 인도에 이르는 광대한 제국을 건설했다. 알렉산더는 단순히 영토의 확장만 꾀한 것이 아니라 그리스와 페르시아의 문명, 즉 서양과 동양 문명을 교류를 통해 융합하고자 했다.

알렉산더에 대해서는 수많은 전기가 있지만, 가장 유명한 전기 중의 하나는 애보트(Jacob Abbot)의 『알렉산더 대왕: 역사를 만든 사람들

(Alexander the Great: Makers of History)』인데, 역사를 만든 사람들이라는 제목만 보아도 위대한 사람이론의 관점을 발견할 수 있다.

이 책의 1장은 알렉산더의 유년기에 대해 서술하고 있는데, 여기서는 1장 2절의 일부를 소개한다.[3]

"알렉산더가 성공한 비밀은 인간 알렉산더에 있다. 그는 정신력과 인간성이 혼합된 매력을 지니고 있었는데, 이러한 매력을 지닌 사람은 나이를 막론하고 그의 영향력 아래 있는 모든 사람에게 신비롭고 거의 무한한 지도력을 발휘한다. 알렉산더는 이러한 자질을 경이로운 정도로 많이 지니고 있었다. 그는 인격이 잘 형성되었고, 매우 호감 가는 매너를 지녔다. 그는 활동적이고, 운동에 소질이 있었으며, 그가 하는 모든 일에 열의와 열정이 넘쳤다. 동시에 그는 주의를 요하는 긴급한 상황에서는 조용하고, 침착하며, 사려 깊었다. 그는 그가 하는 행위의 의미와 결과를 예측하는 예지력도 있었다. 그는 강한 유대감을 형성했으며, 그에게 친절한 사람에 대해 감사했고, 그와 연관된 사람들 모두의 감정을 존중했다. 친구들에게는 신의를 지켰으며, 적에게는 관대했다. 비록 그의 에너지를 정복과 전쟁에 쏟았지만, 한 마디로 그는 고귀한 성품을 가지고 있었다."

---

[3] Jacob Abbot, *Alexander the Great: Makers of History*, Cosimo. Inc, 2009(최초 발행년도 1848), p.14.

2. 리더의 자질연구

근대의 시작과 함께 영웅의 시대도 막을 내린다. 이제 리더에 대한 연구는 영웅이 어떻게 살아왔는지를 기록하는 전기가 아니라 리더들은 어떤 공통된 자질을 가지고 있는지, 리더와 추종자는 어떤 차이가 있는지에 대해 과학적으로 연구를 하고자 한다.

이러한 자질연구의 대표적인 연구로는 스탁딜(Ralph M. Stogdill)의 논문을 들 수 있는데, 리더는 지능, 주도권, 자긍심, 사회성이 뛰어나다고 한다.[4] 또, 투퍼스와 크리스탈(Ernest Tupes and Raymond Christal)은 리더의 특징으로 외향성, 상냥함, 양심, 감정조절, 경험에 대한 개방성을 지적했다.[5] 한편 렌(Wren, 2005)은 지능, 설득력, 성격, 카리스마가 지도자의 특징이라고 주장하는 등 많은 학자들이 리더는 어떤 자질을 가지고 있는지 찾고자 했다.[6]

일반적으로 리더는 신체적으로 에너지가 넘치고 행동력, 자기확신, 결단력, 열정, 리더가 되고자 하는 욕망, 일을 성취하고자 하는 욕망이 강하다. 사회성이 강해 인간관계를 맺어가는 능력이나 협력을 이끌어내는 능력도 뛰어나다. 그리고 리더는 판단력과 지력이 뛰어난 것도 사실이다.

---

4) Ralph M. Stogdill, "Personal Factors Associated with Leadership: A Survey of the Literature," *The Journal of Psychology* 25, 1948, pp.35-71.
5) Ernest Tupes and Raymond Christal, "Recurrent Personality Factors Based on Trait Ratings," *Technical Report ASD*-TR-61-97, 1961, p.6.
6) Daniel A. Wren, *The History Management Thought*, The University of California Press, 2005.

　　결국 남들과 다른 무엇인가가 있기 때문에 리더가 된 것이 사실이지만, 모든 리더가 동일한 자질을 가지고 있는 것은 아니다. 리더의 자질로 평가되는 속성에서 부족한 것이 있음에도 뛰어난 리더가 되는 경우도 있다. 또, 상황에 따라서 리더에게 요구되는 자질의 강조점이 달라지기도 한다. 아래에서는 세종, 간디, 링컨, 그리고 크레티엥의 예를 통해서 리더와 리더의 자질에 대해서 생각해 보자.

공부하는 리더, 성군 세종

　　세종은 조선의 태평성대를 열었던 최고의 왕이었다. 4군 6진을 개척해 북방경계선을 확대하는 동시에 여진족의 침략을 막았을 뿐 아니라, 우리글인 훈민정음을 창제하고, 과학과 천문학을 발달시키는 등 부국강성의 시대를 만들었다. 세종이 이렇게 훌륭한 업적을 남긴 배경에는 그 자신이 유난히 공부를 좋아했을 뿐 아니라, 공부하는 사람들을 중용한 데서 그 원인을 찾을 수 있다.

　　<태종실록 18/06/03>에 따르면, 세종은 어려서부터 책 읽기를 좋

아해 추운지 더운지 가리지 않고 밤새 독서를 하였다고 한다. 태종은 어린 세종이 건강을 해칠 것을 걱정해 독서금지령을 내리기도 했지만, 어린 세종이 책 읽는 것을 막지 못했다고 한다.

왕이 되고 난 이후에도 세종은 책 읽기를 멈추지 않았다고 한다. 수라를 들면서도 책을 보고, 밤이 깊어도 책을 손에서 놓지 못했다고 한다. KBS 역사스페셜 팀이 세종대왕의 하루 일과를 방송한 적이 있는데, 하루 5시간 잠, 5시간 공부, 10시간 업무, 4시간 기타로 나눌 수 있다고 한다.7)

    05:00-05:30   기상
    05:30-06:30   조회
    06:00-07:00   아침 공부
    07:00-08:00   아침 식사
    08:00-09:00   아침 문안 인사
    09:00-11:30   조계 윤대(실무 관료들과의 회의)
    11:30-12:00   간단한 점심 식사
    12:00-01:00   국가 경영회의

---

7) 이상주, 『세종의 공부』, 다음세상, 2013, pp.36-45 참조.

01:00-03:00   경연(낮 공부)

03:00-05:00   상소문 검토

05:00-06:00   숙직관료 명단 확인

06:00-07:00   저녁 공부

07:00-08:00   저녁 식사

08:00-09:00   저녁 문안 인사

09:00-10:00   야간공부

10:00-12:00   구언

　1990년 미국 부시 대통령은 "난 대통령이 되었으니 더 이상 브로콜리를 먹지 않아도 된다"고 말했고, 이 말에 브로콜리를 기르는 농부들이 분노해서 백악관에 브로콜리를 트럭으로 실어다 부은 적이 있다. 대통령과 달리 선거에 나가서 재신임을 받을 필요가 없는 왕이었음에도 불구하고 세종은 고3 수험생보다도 더 열심히 공부했다.

　세종은 자신만 열심히 공부한 것이 아니라 공부하는 사람들을 아꼈다. 세종은 젊은 인재들이 마음껏 공부하고 업적을 낼 수 있도록 집현전을 만들었다. 또, 집현전 학자들로부터 정치와 행정에 대한 자문을 받아 새로운 아이디어로 국정을 이끌고자 했다. 세종이 집현전 학자들을 얼마나 아꼈는지는 가장 귀한 진상품인 귤조차 집현전에 보내 학자들이 맛보도록 한 일화에서도 찾을 수 있다. 또 서거정의 <필원잡기>에 따르면 세종은 집현전에서 공부하다 잠든 신숙주에게 담비가죽옷을 벗어 입혀주기도 했다고 한다.

솔선수범한 리더, 간디(Mahandas Gandhi 1869-1948)

간디는 비폭력저항운동을 통해 인도의 독립을 이루어낸 사회운동가다. 젊은 시절 간디는 영국에서 대학생활을 마치고 변호사가 되었다. 변호사가 된 이후 남아프리카로 가서 상당히 많은 돈을 벌었지만, 남아프리카에서 극심한 인종차별을 겪으면서 사회문제에 눈을 뜨게 되었다. 인종차별을 겪으면서 영국의 식민지배 하에서 핍박당하는 인도인들을 생각하게 되었고, 인도로 돌아와 비폭력 저항으로 독립운동을 이끌었다.

간디는 "네가 이 세상에서 보기를 바라는 변화, 바로 그 변화가 되어야 한다(You must be the change you wish to see in the world)."는 말을 자주했다. 좀 더 풀어서 말하면, 세상이 변화하기만을 원하지 말고 너 스스로 먼저 변화하라는 것이 간디의 가르침인데, 이러한 가르침을 바탕으로 전해내려 오는 이야기를 소개한다.[8]

아이가 사탕을 너무 좋아해서 걱정하던 엄마는 아이가 사탕을 먹지 못하도록 하기 위해 좋다는 방법이란 방법은 다 써봤지만 소용이 없었다. 하는 수 없어 엄마는 아이가 존경하는 간디에게 부탁하기로 했다.

---

[8] '선생님의 길'이라는 선생님의 리더십을 교육하는 홈페이지에서 발췌. https://preilly.wordpress.com/2008/07/19/gandhi-story/

아이와 함께 사흘을 걸어서 간디의 집에 갔다. 간디의 집에 도착하자 벌써 많은 사람들이 줄을 서 있어서 자기의 차례가 될 때까지 기다려야 했다. 한 나절을 기다려서 마침내 간디를 만날 수 있게 되었다.

"간디시여, 저의 아이가 사탕을 너무 좋아합니다. 사탕으로 인해 아이의 건강과 치아, 그리고 정서에도 문제가 생기는 것 같습니다. 아이가 사탕을 먹을 때마다 상황은 더 나빠집니다. 원래는 착한 아이였습니다만, 사탕을 먹기 위해 거짓말을 하고, 훔치기도 하고, 속이기도 합니다. 저는 아이의 인생이 망가질까봐 너무 두렵습니다. 부디 아이에게 사탕을 그만 먹으라고 말씀해 주세요."

간디는 엄마의 옷자락을 잡고 서 있는 아이를 물끄러미 쳐다 본 후, 2주 후에 다시 오라고 말했다. 엄마는 왜 간디가 아이에게 아무 말도 하지 않는지 은근히 답답한 마음이 들었지만, 뒤에 수많은 사람들이 줄을 서서 기다리고 있었기 때문에 간디에게 보챌 수 없었다. 2주 후 엄마는 아이를 데리고 다시 사흘을 걸어서 간디를 만나러 갔다.

"간디시여, 아이가 사탕을 먹지 않게 해달라고 부탁드렸더니 2주 후에 오라고 하셔서 다시 왔습니다."

간디는 "물론 기억하고 있습니다. 아가 이리 오너라." 아이에게 손짓했습니다. 엄마는 얼른 간디 앞으로 가라고 자신의 치맛자락을 붙잡고 있던 아이의 등을 떠밀었습니다.

간디는 아이의 눈을 지그시 바라보며 말했습니다. "아가, 사탕을 먹지 마라."

엄마는 황당해서 간디에게 그게 다냐고 물었다. "간디시여, 아이에게 해주실 말이 그게 모두라면, 왜 2주 전에 말하지 않으셨는지요? 왜 먼 길을 다시 오도록 하셨는지요?"

간다는 말했다. "2주 전엔 저도 사탕을 먹고 있었습니다. 2주 동안 저도 사탕을 먹지 않았기 때문에 아이에게 사탕을 먹지 말라고 말할 수 있는 것입니다."

언행일치의 리더, 링컨(Abraham Lincoln, 1809-1865)

미국 16대 대통령 링컨은 미국 역사상 가장 뛰어난 대통령으로 손꼽힌다. 링컨은 남북전쟁을 승리로 이끌어서 미국을 분리되지 않고 하나로 유지될 수 있도록 했을 뿐 아니라 노예제를 폐지하고, 미국경제의 근대화를 위한 초석을 놓았다.

남북전쟁은 남과 북이 모두 엄청난 피를 흘린 끔찍한 전쟁이었다. 그러나 미국이 증오로 가득 찬 파멸의 길을 가지 않고 함께 재건의 길로 나아갈 수 있었던 것은 링컨의 리더십이 있었기 때문이다. 전쟁에서 승리한 공화당 강경파는 남부의 지주들로부터 토지를 몰수하자는 등 승자의 교만을 드러냈다. 그러나 링컨은 해방된 노예들을 보호하기 위해 남부에 연방군을 내려 보내기는 했지만, 그 이외에는 최대한 남부를 소외시키지 않고 존중했다. 이 때문에 미국의 남과 북은 피비린내 나는 전쟁을 했음에도 불구하고 진정한 통합을 이룰 수 있었다.

링컨은 노예해방의 약속도, 남북통합의 약속도 모두 이루어낸 위대

한 리더였는데, 여기서는 그의 약속과 관련된 전해 오는 일화를 소개한다.9)

어느 날 링컨은 켄터키에서 출발하는 역마차를 타고 있었다. 그의 옆자리에는 대령이 타고 있었다. 마차가 출발한 지 얼마 안 되서 대령은 주머니에서 위스키 한 병을 꺼내면서 말했다. "링컨씨, 저와 한잔 하시지 않겠습니까?" 링컨은 대답했다. "대령님, 감사합니다만 전 위스키를 마시지 않습니다."

역마차가 한참을 더 달린 후 대령은 다시 주머니를 뒤졌다. 그리고 시가를 꺼내면서 말했다. "링컨씨, 위스키를 못하신다면, 시가를 함께 피우시는 게 어떨까요?" 링컨은 대답했다. "대령님, 당신은 정말 좋은 분이십니다. 함께 여행해서 즐겁습니다. 당신과 함께 시가를 피워야 하겠습니다만, 그 이전에 저의 어린 시절 얘기를 들려드리겠습니다."

"제가 아홉 살 때 어머니는 침대로 절 불렀습니다. 어머니는 병환이 깊으셨습니다. 어머니는 저에게 말씀하셨습니다. '내가 다시 좋아지기는 어렵다고 의사가 말씀하셨다. 내가 죽기 전에 한 가지 약속을 해라. 살아 있는 동안 결코 위스키를 마시거나 시가를 피우지 않는다고 약속해라.' 저는 어머니에게 결코 위스키를 마시거나 시가를 피우는 일이 없을 것이라고 약속했습니다. 그리고 오늘까지 저는 그 약속을 지켜왔습니다. 만약 대령님의 제안을 받아들인다면 저는 사랑하는 어머니와 했던 약속을 지키지 못하게 됩니다."

---

9) 로저스(Michael G. Rogers)의 팀웍과 리더십 함양 홈페이지 참조.
http://www.teamworkandleadership.com/2012/05/leadership-and-integrity-two-powerful-leadership-stories-to-tell.html

대령은 말했다. "링컨씨, 다시는 그런 제안을 하지 않겠습니다. 당신이 그동안 한 약속 가운데 가장 훌륭한 약속일 것입니다. 만약 저의 어머니가 저에게 그런 약속을 하도록 만들었고, 또 제가 당신처럼 그 약속을 지켰다면 아마 수천 달러가 모이지 않았을까 싶네요."

말을 잘 못하는 총리, 쟝 크레티엥(Jean Chretien 1934-)

크레티엥은 1993년 11월부터 2003년 12월까지 10년을 캐나다 총리를 지냈다. 크레티엥은 선천적으로 한쪽 귀가 잘 안 들렸을 뿐 아니라 왼쪽 얼굴근육 마비로 어려서부터 발음을 잘 할 수 없었다. 이 때문에 크레티엥은 소리 내어 읽기는 물론 말하기에 있어서도 큰 어려움을 겪었다. 그럼에도 크레티엥이 말하기 능력을 가장 필요로 하는 직업인 정치인으로서 성공할 수 있었던 것은 말의 유창함이 아니라 유권자들의 마음에 호소하는 진실한 말과 재치 있는 말을 했기 때문이다.

1963년 크레티엥은 처음으로 캐나다 하원선거에 출마했다. 크레티엥이 어눌한 발음으로 연설을 하자 한 주민이 다가와서 크레티엥에게 진심어린 목소리로 말했다. "크레티엥, 정치인은 연설이 생명인데, 발음이 좋지 않으면 훌륭한 연설을 하기 어려울 것 같네요. 정치인 말고 다른 일을 하시면 어떨까요?" 크레티엥은 대답했다. "저는 발음이 나빠서 훌륭한 연설을 못할 수 있습니다. 그러나 결코 주민 여러분에게 거짓말은 안 하겠습니다."

크레티엥이 한 번도 주민들에게 거짓말을 하지 않았는지는 확인할 수 없지만, 그 주민의 우려와 달리 크레팅은 30년간 하원의원으로 선출되었으며, 10년간 캐나다 총리로 지냈다. 발음이 나쁘고, 말할 때 한쪽 얼굴이 일그러지는 정치인으로서의 약점에도 불구하고, 크레티엥이 정치인으로서 장수할 수 있었던 것은 약점에 주눅 들지 않는 용기와 끈기, 말의 내용을 풍부하게 함으로써 약점을 극복했던 노력, 그리고 진보정당 내의 우파로서 국민 다수와 함께 하고자 했기 때문이다.

크레티엥은 "성공적인 정치인은 대중의 감정을 읽을 수 있어야 할 뿐 아니라 대중을 자기 편으로 만드는 기술이 있어야 한다. 대중은 논리보다는 무드에 의해서, 이성보다는 직감에 의해 움직이다. 정치인은 이를 이해할 줄 알아야 한다."고 했는데, 그는 누구보다도 빨리 대중의 마음을 읽을 수 있는 정치인이었다.[10]

엄마 같은 정치인, 메르켈 총리(Angela Merkel, 1954-)

독일 최초 여성총리이자 유럽에서 최장기간 재임한 메르켈은 유럽의 병자 독일을 유럽의 강자, 유럽의 엔진으로 이끌었다. 강한 독일을 이끄는 최장수 총리는 엄청난 카리스마를 지닌 정치인일 것으로 예상할 수 있지만, 현실은 그렇지 않다. 메르켈은 소박한 엄마 같은 정치인이다. 화려한 관저 대신에 작은 아파트에서 거주하며 손수 마트에서 장을

---

10) Jean Chretien, *Straight from Heart*, Key Poter Books, 1994, p.64.

봐 음식을 해먹고, 동일한 모양에 색깔만 좀 다른 옷을 번갈아가면서 입는다.

소박한 엄마의 모습은 정치영역에서 그대로 드러나는데, 타임지는 이런 메르켈을 3무 정치인이라고 한다. '유창한 연설능력도 없고' '역동성도 없고' '카리스마도 없는' 정치인 같지 않은 정치인이라는 것이다.11)

사실 메르켈은 대중의 열정을 불러일으키는 달변가도 아니고 대중연설을 많이 하지도 않았다. 정치적 사안에 대해서도 입장이 모호한 경우가 많았다. 앞에 나서 대중을 이끌고 나가는 것이 아니라 보이지 않는 곳에서 정치세력 간의 의견을 조율하고 합의를 이끌어내고자 했다. 엄마들이 그렇듯이 메르켈은 자신은 비록 폼이 나지 않더라도 독일을 위해 가장 좋은 정책을 찾아내고자 했다.

메르켈은 기존 정치인들이 전임 지도자의 정책을 비난하고 폐기하는 것과 달리, 전 정부인 슈뢰드 정부의 정책을 대폭 수용했다. 또 야당의 정책도 대폭 수용했다. 메르켈은 야당이나 경쟁하는 정치인들을 무너뜨리기보다는 그들의 지지를 이끌어내고자 했다. 동시에 메르켈은 자신의 정당이 너무 강경한 주장을 할 때에는 자신의 정당과 거리를 두기도 했다.

---

11) "Person of the Year, Angela Merkel," Time, 2015.01.
http://time.com/time-person-of-the-year-2015-angela-merkel-choice/

결국 메르켈은 모든 정파의 의견을 종합해서 정부정책이 중간지대에 수렴할 수 있도록 했다. 중간지대로 수렴된 정책이 메르켈정부를 성공으로 이끈 가장 큰 요인이었지만, 의견을 수렴하는 과정에는 상당한 시간이 필요했기 때문에 정책적으로 실기했다는 비판을 듣기도 했다. 또, 메르켈은 설사 자신의 지지기반이 원하는 정책이라고 할지라도 위험한 결정과는 거리를 두고, 의사결정과정에 시간이 많이 들더라도 철저하게 성공가능성이 높은 정책을 찾고자 했다. 이 때문에 메르켈은 역동적인 정치는 아니지만, 차근차근 결과를 만들어가는 정치를 할 수 있었다.

3. 상황론적 접근

파레토는 변혁기에는 이상주의적이고 충직한 사자형의 엘리트가 지배하지만, 안정기에는 충직하지 못하지만 실용적인 여우와 같은 엘리트가 지배한다고 했다. 이 말은 상황에 따라 권력을 잡을 수 있는 리더가 달라짐을 의미하는 것인데, 상황론적 접근은 어떤 상황에서 어떤 리더가 효과적인지를 밝히고자 한다.

허쉬와 블란차드(Hersey & Blanchard)는 상황론적 리더십 연구의 대표주자인데, <표 8-1>과 같이 구성원들의 능력과 동기를 측정해 각각의 상황에서 어떤 리더십이 더 효과적인지 밝히고 있다.[12]

구성원의 능력이 낮고, 성취의 동기도 낮은 경우에는 정확하게 무

---

12) Paul Hersey & Ken Blanchard, *Management of Organizational Behaviour: Utilizing Human Resources*, 8th edition, Premtice-Hall, 1985.

엇을, 언제까지, 어떻게 해야 하는지 명령하고 지시하는 리더십이 효과적이지만, 구성원의 능력과 동기가 중간정도일 때에는 퍼스널 트레이너처럼 구성원의 현재를 진단해 주고, 잠재력을 발휘할 수 있도록 하기 위해서는 무엇을 어떻게 해야 할지 상담해 주는 코칭 리더십이 필요하다고 한다. 초등학교에서 담임선생님이 알림장을 통해 언제까지 무엇을 해야 하는지 알려주는 것이 첫 번째 유형인 명령하고 지시하는 리더십이라고 한다면, 대학에서 재학생을 멘토로 선발해 신입생들에게 대학생활을 안내해 주는 것은 두 번째 유형인 코칭 리더십에 해당한다고 할 수 있다.

세 번째 유형은 구성원의 능력치는 높지만, 동기가 약한 경우다. 이러한 경우에는 동기를 유발하기 위한 지원과 참여의 리더십이 필요하다고 한다. 리더가 관심을 가지고 있음을 보여줌으로써, 때로는 구성원들이 예상하지 않았던 보상을 함으로써 구성원들의 동기를 강하게 만드는 것이 필요하다고 한다. 이에 반해 네 번째 유형인 구성원들의 능력 수준도 동기 수준도 높은 경우에는 최대한 권한을 구성원들에게 위임하는 리더십이 효과적이라고 한다.

〈표 8-1〉 상황에 따라 효과적인 리더십

능력	낮음	중간	높음	높음
동기	낮음	중간	낮음	높음
리더십스타일	명령 혹은 지시하는 리더십	코칭 리더십	참여하고 지원하는 리더십	관찰하고 위임하는 리더십

이러한 허쉬와 블란차드의 주장은 기업과 같은 조직에서도 유용하지만, 아이에게 적당한 공부방법을 찾는 데도 유용하다. 아이가 공부를 잘할 뿐 아니라 열심히 하고자 하는 동기가 강할 때는 아이가 어떻게 공부하는지 일일이 간섭하거나 쉬고 있는 아이에게 공부 안 하고 뭐하냐고 잔소리를 한다면 아이는 오히려 반발감이 커져 공부를 하지 않으려고 할 수 있다. 잘하고 열심히 하는 아이는 최대한 간섭하지 않고 가끔씩 아이가 공부에 흥미를 잃지 않았는지, 건강에 문제가 없는지 등을 관찰하는 것이 좋다.

아이가 기본 실력은 있지만 잡생각이 많고 공부를 열심히 해야 한다는 동기가 약하다면 동기를 유발하기 위한 노력을 하는 것이 좋다. 성적이 향상될 경우 어떤 보상을 할 것인지 미리 약속하는 방식 등으로 물질적, 심리적 지원을 하는 것이 바람직하다.

이에 반해 공부를 하고자 하지만 성적이 오르지 않는 경우에는 아이가 어느 부분을 아는지 혹은 모르는지, 공부의 방법이 잘못되지 않았는지, 또 성적을 올리기 위해서는 어떻게 공부해야 하는지에 대한 상담이 필요하다.

또, 공부를 아예 하지 않으려고 하거나 책상 앞에 앉아도 계속 스마트 폰만 들여다본다면, 공부하는 동안은 스마트 폰을 부모에게 맡기게 하거나 부모가 옆에 같이 앉아 있는 것도 좋은 방법이다.

대입 재수를 위한 자습원을 선택하는 경우를 예를 들어도 마찬가지다. 자습원의 브랜드가 중요한 것이 아니라 아이의 상황에 맞는 자습원을 찾는 것이 중요하다. 자습원의 종류는 대략 세 가지다. 첫째는 하루 10시간 이상(중간 중간 약간의 쉬는 시간이 있고)을 학생들을 모두 오픈된 책상에서 공부하도록 하고 담당 교사가 돌아다니면서 졸고 있거나 딴 짓을 하는 학생들을 벌주는 형식으로 진행되는 스파르타식 자습원이다. 이렇게까지 공부해야 하나 하는 안타까운 마음이 들지만, 그동안 공부가 몸에 익지 않아서 책상 앞에 앉아 있을 수 있는 시간이 매우 짧은 학생들에게는 상당히 효과적이다. 눈 뜨고 자는 한이 있더라도 책상에 앉아 있을 수 있는 습관과 규칙적으로 공부하는 습관은 상당히 배울 수 있다. 그러나 이미 공부습관이 몸에 밴 학생이라면 이러한 스타일의 자습원은 역효과가 날 수 있다. 공부하다가 피곤하면 눈을 좀 감고 있기도 하고, 약간의 수면을 취하기도 하는 것이 오히려 공부의 효율을 올릴 수 있기 때문이다.

두 번째 유형의 자습원은 학생이 공부하는지 일일이 감시 감독하지는 않지만, 하루 동안 무슨 공부를 얼마동안 했는지, 공부한 과목의 요약문과 풀기 어려운 문제를 자신이 푼 과정을 자세히 써내도록 하는 자습원이 있다. 이렇게 공부한 내용을 써내면 그것을 바탕으로 지난 모의고사 대비 공부 시간을 적정하게 분배하고 있는지, 또 무엇을 잘 모르고 있는지 찾아내 컨설팅해 주는 자습원이 있다. 이러한 자습원은 어느 정도 공부의 습관이 배어 있고, 공부하고자 하는 의욕도 있지만, 성적이 잘 나오지 않는 경우에 선택할 만할 것으로 보인다.

셋째는 제법 공부하기 좋은 환경을 제공하고 있지만, 휴식시간 종을 쳐주는 것 이외에는 별 다른 서비스가 없는 곳이 있다. 이러한 곳은 본인이 성적이 좋을 뿐 아니라 공부를 하겠다는 의지가 강한 학생들에게 좋은 곳이라고 할 수 있다. 눈으로만 보면서 자신이 혹시 놓치는 게 있는지 검토만 해도 될 학생들에게 하루 동안 무슨 공부를 했는지 길게 기록하기를 요구하는 것은 오히려 시간낭비로 생각될 수 있고, 잦은 상담은 오히려 공부의 맥만 끊을 수 있기 때문이다. 결국 허쉬와 블란차드의 이론은 기업뿐 아니라 학교나 가정에서 다양하게 적용될 수 있다.

4. 과정론적 접근

지금까지 살펴본 것처럼 위대한 사람 이론이나 자질론은 리더를 독립변수로 두고 세상에 영향을 미치는 리더들은 어떤 점이 보통 사람과 다른가를 주로 연구해 왔다고 한다면, 상황론적 접근은 반대로 리더가 처해 있는 상황을 독립변수로 두고, 상황에 따라 효과적인 리더십은 무엇인지 연구해 왔다. 과정론적 접근은 상황과 리더, 혹은 구성원과 리더의 관계를 상호의존적으로 보고 접근하는데, 이러한 과정론적 접근의 대표적 연구로는 번즈(James MacGregor Burns)의 변혁적 리더십을 예로 들 수 있다.[13]

① 변혁적 리더십

변혁적 리더십은 더 나은 미래를 위해 구성원들에게 무엇이 문제인지, 왜 변화가 필요한지 인식시키고, 구성원들이 더 나은 미래를 위해 과감하게 과거의 문제를 떨쳐버리고 새롭게 변화하도록 하는 리더십이다. 여기서 중요한 것은 상이나 벌로 구성원들의 변화를 유도하거나 억압하는 것이 아니라 구성원들 스스로가 변화의 필요성

---

13) James MacGregor Burns, *Leadership,* Harper & Row, 1978.

을 느낄 수 있도록 그들의 가슴에 울림을 주는 리더십이다.

　변혁적 리더십은 매우 효과적이다. 리더 혼자 발을 동동거리며 성취를 위해 재촉하는 것이 아니라 구성원 전체가 변화를 위해 함께 나아가기 때문이다. 그러나 변혁적 리더십이 작동하기 위해서는 리더가 그 사회나 조직이 당면한 문제는 무엇인지, 어떻게 나아가야 하는지에 대한 명확한 비전을 가지고 있어야 하며, 그 비전을 공유할 수 있는 소통능력이 있어야 한다. 또, 구성원들에게 변화의 열망을 심어줄 수 있는 능력이 있어야 한다. 그리고 무엇보다도 리더가 모범을 보여야 구성원들이 리더와 함께 하겠다는 열정과 동기를 유지할 수 있다. 머스크의 예를 통해 변혁적 리더십이 무엇인지 생각해 보자.

함께 일하고 싶은 리더, 엘론 머스크(Elon Musk 1971-)

　영화 <아이언맨>의 주인공 토니 스타크의 실제 모델인 머스크는 스페이스X를 창업해 세계 최초로 상업우주선 시대를 열었을 뿐 아니라, 세계 최초로 일반 도로에서 달릴 수 있는 전기자동차를 상용화한 것으로 유명하다. 이것만 해도 엄청난 업적이지만, 머스크는 지

금까지 해온 것보다 더 큰 꿈을 가지고 있다. 머스크는 인공 태양을 만들어 화성의 표면 온도를 높여서 인류를 화성으로 이주시키겠다는 꿈을 가지고 있다. 또 교통체증을 해결하기 위해 하이퍼루프를 제안하는 등 그의 꿈과 혁신은 끝이 없다고 해도 과하지 않다.

머스크는 사원들이 함께 일하고 싶어 하는 CEO 조사에서도 늘 상위권에 올랐다.[14] 그래서 cnbc.com은 왜 사원들이 머스크와 함께 하고 싶어 하는지에 대해 인터뷰를 실시했다.[15] 다음은 사원의 인터뷰 내용이다. "나는 스페이스X에서 일하는 것을 사랑합니다. 4년 동안 난 여기서 스페이스 로켓을 제작하는 꿈과 함께 살았습니다. 음식, 옷, 여러 가지 시설, 주식 등 머스크가 우리에게 제공하는 것은 정말 놀랍고 믿기 어렵습니다. 스페이스X의 일원이 되는 것은 어떤 말로도 설명하기 어렵습니다. 가슴 깊이 머스크에게 감사할 따름입니다."

사원의 대답을 다시 표현한다면, 머스크는 사원이 일하는 것에 대해 충분히 보상할 뿐 아니라 사원들에게 꿈을 심어 주고, 꿈을 이루어 가는 것에서 자부심을 느끼도록 하고 있는 것으로 볼 수 있다.

다음은 머스크의 인터뷰 내용이다.

"리더는 자신에게 보고하는 사람들보다 더 열심히 일해야 합니다. 그리고 리더 자신보다 사원들이 필요로 하는 것을 우선해서 돌봐야 합

---

14) "The Top 10 Most Beloved CEOs, Including Elon Musk and Mark Zuckerberg," *Entrepreneur*, 2017.6.21.
   (https://www.entrepreneur.com/slideshow/ 296183)
15) Catherine Clifford, "Elon Musk's 3 best pieces of advice for how to be a great leader," 2017.6.21.
   (https://www.cnbc.com/2017/06/20/elon-musk-how-to- be-a-great-leader.html)

니다."라고 말하는데, 이는 변혁적 리더십의 핵심을 관통하고 있다. 변혁적 리더는 자신의 이익이 아니라 공동체의 이익을 먼저 생각해야 한다. 그리고 구성원들의 모범이 되어야 구성원들이 적극적으로 리더의 비전을 받아들이고, 그 비전을 실현하기 위해 노력한다.

다음은 리더가 될 사람들을 위한 머스크의 3가지 조언이다.

"첫째, 당신보다 더 훌륭한 사람을 뽑아야 합니다. 훌륭한 사람을 뽑으면 문제의 90%는 해결되지만, 적당하지 않은 사람을 뽑을 경우에는 엄청난 비용을 쓰고도 성과가 나지 않습니다. 더 좋은 사람을 뽑을 때마다 회사는 그만큼 더 좋아지는 것입니다.

둘째, 유행을 따르지 말아야 합니다. 맹목적으로 유행을 따를 것이 아니라 현재의 상황에 대해 질문하고 도전해야 합니다. 화성계획만 해도 그렇습니다. 많은 사람들이 의심했지만, 화성계획은 실현가능하다는 것을 보여 왔습니다.

셋째. 기본에 충실해야 합니다. 세세한 것을 먼저 고려하는 것은 의미가 없습니다. 하려고 하는 것의 기본원리가 무엇인지 먼저 이해해야 합니다. 기본이 충실하지 않으면 사상누각입니다."

그러나 머스크는 '로봇이 만든 전기자동차'라는 과욕으로 자동차 생산에 차질이 생겨서 유동성 위기에 빠진 데 이어서 트위터 실화로 테슬라 자동차의 이사회 의장직에서 3년간 물러나게 되었다.

이는 아무리 혁신적인 비전을 가진 지도자라고 해도 비전의 실행 가능성을 차분히 따져서 성과를 착실히 보여주지 못하면 실패할 위험이 있음을 보여준다.

② X, Y 이론과 동기부여 리더십

맥그리거(Douglas McGregor)는 구성원의 동기에 따라서 X그룹과 Y그룹으로 나눌 수 있다고 한다. X그룹은 야망이 없고, 책임감도 없으며, 자기중심적이어서 공동체의 목표나 이익에는 관심이 없고, 변화에 저항하는 집단이라고 가정한다. 이에 반해, Y그룹은 자기존중이나 자기실현과 같은 높은 차원의 욕구를 가지고 있고, 책임감이 강하며, 개인의 목표와 공동체의 목표를 동시에 실현하고자 하며, 변화를 수용하는 집단이라고 가정한다.16)

맥그리거는 이 두 그룹이 성과를 내도록 하기 위해서는 다른 리더십이 필요하다고 한다. X그룹은 명령과 통제의 리더십이 효과적인데, 명령과 통제는 때로는 충돌을 낳기도 한다고 한다. 그러나 Y그룹은 구성원 스스로가 자율적으로 결정할 수 있도록 권한을 위임하고, 의사결정이나 업무수행에 대한 평가를 할 때도 구성원을 참가시키는 것이 더 효과적이라고 한다.

그러면 X그룹은 언제까지 X그룹으로 남아 있어야 하는가? X그룹을 Y그룹으로 변화시킬 수는 없는가? 리더는 교육을 제공해 지적 수준을 높이고, 또 자아실현, 책임감, 공동체의 이익추구와 같은 보다 나은 인재가 되도록 동기(motivation)를 부여함으로써 X그룹을 Y그룹으로 변화시킬 수 있다.

뭔가를 이루겠다는 동기가 부족한 이유는 일반적으로 세 가지 이유에 기인한다. 첫째는 자신감의 부족이다. 자신감의 부족은 실패의

---

16) Douglas Mcgregor, *The Human Side of Enterprise*, Annotated edition, McGraw-Hill Education, 2006.

경험, 혹은 실패에 대한 두려움, 성공한 사람에 대한 질투와 같은 부정적인 생각 때문에 비롯되는 경우가 많다. 따라서 리더는 구성원들이 부정적인 생각을 떨치고 긍정적인 생각을 할 수 있도록 해야 하는데, 이를 위해서는 구성원들이 가지고 있는 잠재력, 과거의 성공사례, 구성원들이 놓여 있는 환경의 긍정적인 기회구조 등을 강조함으로써 구성원들의 자신감을 높일 수 있다. 또, 리더의 실패했던 경험과 이로부터 얻은 교훈, 그리고 다시 일어서게 된 경험을 공유하게 되면, 구성원의 자신감을 높이는 데 도움이 된다.

동기가 부족한 두 번째 이유는 집중하지 못하는 데 있다. 보통 집중하지 못하는 이유는 두려움이나 나태함에서 기인하는 경우가 많다. 작은 목표라도 달성한 경험이 있으면, 두려움이나 나태함을 떨치는 데 도움이 되므로 리더는 작은 목표라도 구체적인 목표를 세우고 이를 성취할 수 있도록 도와야 한다.

동기가 부족한 세 번째 이유는 방향감이 없기 때문이다. 목표를 정했다고 해도 어떤 방향으로 가야 그 목표를 달성하는지 모르는 경우에는 동기를 잃게 된다. 예를 들어서 팔로우가 많은 블로거가 되겠다는 목표를 세워 놓고는 다른 블로거의 글들만 읽고 단 한 편의 글도 쓰지 않는다면 영향력 있는 블로거가 될 수 없다. 글을 며칠마다 올릴 것인지, 글의 주제는 무엇으로 할 것인지, 좀 더 나아가서 요일별로 글의 주제를 달리한다든지 뭔가 구체적인 계획이 나와야 목표달성에 훨씬 더 가까워질 수 있다.

수험준비를 하는 학생이라면 하루에 몇 시간을 공부할 것인지, 과목별 공부시간은 어떻게 배분할 것인지와 같은 하루계획을 비롯해, 주간계획, 월간계획, 나아가서는 연간계획을 만들어놓고 공부해야 시험에 가까웠을 때 가장 좋은 컨디션으로 시험을 볼 수 있다. 리더는 구성원들이 목표를 달성할 수 있도록 구체적인 계획과 전략을 짜도록 도와야 한다.

개인의 경우도 마찬가지다. X형 인재가 있는가 하면 Y형 인재가 있는데, 이 구분은 태어날 때부터 쭉 고정되어 있는 것은 아니다. 스스로가 자신의 리더(self leadership)가 되어서 동기를 부여해 자신을 Y형 인재로 변화시킬 수 있다.

개인의 경우도 동기가 부족한 이유는 위와 마찬가지다. 자신감이 없고, 집중하지 못하며, 방향감이 없기 때문에 동기부여가 안 되는 것이다. 먼저 자신감이 없다면, 자신이 가지고 있는 강점, 좋은 점을 종이 위에 써보자. 생각했던 것보다 강점과 좋은 점이 많이 있을 것이다. 또 자기가 처한 환경에서도 유리한 점을 찾을 수 있을 것이다. 종이 위에 자신의 강점과 좋은 점을 적으면서 자신이 얼마나 좋은 사람인지 자신에게 일깨워줘야 한다.

집중하지 못한다면, 실현 가능한 작은 목표들을 세워보자. 학생이라면 갑자기 모든 과목을 100점을 맞는다는 목표를 세우고, 그 목표를 잊어버리거나 아니면 달성하지 못했다고 좌절해서는 안 된다. 3월 모의고사보다 4월에는 모두 1점씩만 올리겠다는 목표를 세우면, 이 목표의 실행가능성은 매우 높아진다. 그러나 매달 평균 1점씩만 올린다면, 수능 전까지 10번의 모의고사를 통해 평균 10점을 올릴 수 있게 되고, 이것은 엄청난 차이를 낳는다. 조그맣지만 구체적인 목표를 만들어서 실천하고, 실천 이후에는 자신에게 칭찬과 약간의 선물을 주고, 그리고 다시 조금 더 큰 목표를 만들어간다면 집중력은 더 강화될 수 있다. 물론, 공부가 인생의 전부은 아니다. 행복은 성적순이 아닌 것도 사실이다. 그러나 구체적인 목표를 세우고 성취해 나아가는 것은 비단 공부뿐만 아니라 인생의 다양한 분야에 적용할 수 있다.

목표는 세웠지만 어떻게 해야 성취할 수 있을지 모른다면, 목표를 달성하기 위해서 해야 할 일들이 무엇인지를 모두 종이 위에 적어 본다. 다음 단계는 리스트 가운데 어느 것을 먼저 하고 어느 것을 나중에 할지 우선순위를 만들어 리스트를 조정하는 것이다.

이렇게 스스로에게 자신감을 부여하고, 목표와 구체적인 실천계획을 세워서 하나하나 실천해 나간다면, X형 인재도 Y형 인재로 발전해 나갈 수 있다. 다른 사람을 성장시키는 리더가 되기 이전에 스스로를 성장시키는 셀프리더십이 필요한 것이다.

그럼 바람직한 리더십은?

앞에서 살펴본 것처럼 다양한 리더십 스타일이 있는데, 이 중 어느 것이 우수하다고 단정적으로 얘기하기는 어렵다. 상황에 따라서 특정 리더십이 더 효과적일 수 있기 때문이다. 또 진정으로 훌륭한 리더라고 한다면, 쉬운 일은 아니지만 상황에 따라 맞춤형리더십을 발휘할 수도 있을 것이다. 그러나 어떤 상황이더라도 좋은 리더가 되기 위해서는 다음의 4가지 조건을 충족해야 할 것으로 생각된다.

첫째, 리더는 공동체의 이익, 즉 공익을 리더 자신이나 자신과 가까운 사람들의 이익보다 중요하게 생각해야 한다.

리더가 자신의 이익이나 자기와 친한 사람들의 이익을 먼저 챙긴다면 구성원들은 그 리더를 따르지 않게 된다. 일부 구성원들은 냉소에 빠지게 되고, 다른 일부는 분노해서 리더에게 항의할 것이고, 또 다른 일부는 리더를 따라서 자신의 이익을 먼저 챙기고자 할 것이다. 이러한 공동체는 부패와 불신이 팽배해져서 후퇴할 수밖에 없다.

이에 반해 리더가 자기 자신 혹은 자기의 지지자들에게는 손해가 나더라도 공익을 먼저 생각한다면, 구성원들도 리더를 신뢰하고 리더를 중심으로 힘을 모으게 된다. 윗물이 맑으면 아랫물이 맑다는 말처럼 구성원들도 공익을 중요하게 생각하게 된다.

문제는 리더의 약속만으로 어떤 리더가 공동체를 위해서 일할지 판단하기 어렵다는 것이다. 이 때문에 리더의 과거를 따져볼 수밖에 없는데, 과거 얼마나 공동체의 이익을 위해 일했는지, 또 얼마나 지도자의 말과 행동이 일치했는지, 도덕적 문제는 없었는지 따져 보아야 한다.

둘째, 리더는 공동체의 미래를 위한 비전이 있어야 한다.

의사가 환자의 병을 정확하게 진단하고 그에 따라 처방을 한다면 환자는 건강을 되찾을 수 있을 것이다. 그러나 의사가 오진을 하고 엉터리 처방을 한다면 환자는 더욱 건강이 나빠질 수밖에 없다. 마찬가지로 리더가 공동체의 현재의 상황을 잘못 파악하고 잘못된 비전을 가지고 있다면 그 공동체는 발전하기 어렵다.

리더가 공동체의 현 상황을 정확히 진단하고, 이를 바탕으로 한 미래비전을 만들기 위해서는 공부하고 또 공부해야 한다. 공동체의 구성원들과 부대끼면서 구성원들이 현실에서 느끼는 문제를 깨우치는 현장공부뿐 아니라 다른 공동체와의 비교, 또 다양한 서적들을 통해서 공부해야 한다.

보통 사람은 공동체가 직면하고 있는 상황을 객관적으로 보지 못하는 경향이 있다. 다가오는 위기나 기회를 보지 못하거나 보기를 거부하는 자기만족적(complacency) 성향이 있기 때문이다. 보통 사람은 설사 공동체가 직면한 위기나 기회가 무엇인지 안다고 해도 나서지 않는 경향이 있다. 앞에 나서다가 발생할 수 있는 실패의 책임을 회피하고자 하는 방어적 거부(defensive avoidance) 성향을 지니고 있기 때문이다. 그러다가 보통 사람은 위기가 커지고 나면 미친 듯이 해결방법을 찾는 공황상태가 되기도 한다.

그러나 리더는 공동체가 맞이한 기회를 놓치지 않게, 또 공동체가 직면한 위기를 키우지 않게 미리 감지할 수 있는 통찰력이 있어야 한다. 또, 리더는 기회를 최대한 이용할 수 있도록 혹은 위기를 극복할 수 있도록 나서야 한다. 리더는 어떠한 위기에서도 침착하게 손익을 따져서 문제의 해결책을 찾아야 한다.

셋째, 리더는 소통을 위한 능력과 의지가 있어야 한다.

리더가 혼자서 비전을 실현할 수는 없다. 구성원들이 함께 힘을 모아야 목표했던 바를 성취할 가능성이 높아지기 때문에 구성원들에게 동기와 열정을 불러일으킬 수 있는 소통능력은 중요하다.

앞에서 언급한 것처럼 보통사람들은 자기만족적 성향과 방어적 거부 성향을 지니고 있기 때문에 변화를 거부하는 경향이 있다. 변화를 거부하는 구성원들을 변화에 공감하도록 설득해내기 위해서는 소통능력이 중요하다. 구성원들이 변화에 공감한다고 해도, 변화를 위해 비용을 부담하는 것은 거부할 수 있는데, 이를 설득해내는 리더의 소통능력이 중요하다.

구성원 입장에서도 리더의 소통능력과 의지는 매우 중요하다. 공동체가 현재 어디에 있는지 어디로 가고자 하는지 알아야 비용을 부담하는 데 불만이 없을 뿐 아니라 자발적 참여가 가능하기 때문이다. 버스를 타고 있다고 가정해 보면, 이 버스가 어디로 가고 있는지, 지금 어느 정류장에 와 있는지 알지 못한다면 승객은 매우 불안할 수밖에 없다. 따라서 리더와 구성원 간의 소통은 중요하다.

소통은 유창한 발음이나 어휘구사력을 가져야 가능한 것은 아니다. 리더가 감동적인 문장구사력을 가지고 있다면 리더로서는 엄청난 장점이자 매력인 것은 분명하다. 그러나 구성원에게 정직한 정보를 성실하게 제공하는 것이 진정한 소통이라고 할 수 있다.

다른 한편으로 보면, 구성원들이 거짓정보가 가득한 장밋빛 청사진을 정직한 정보가 담긴 비전보다 더 좋아한다면 정직한 정보를 제공하는 리더는 도태되고 거짓정보를 제공하는 리더만 넘쳐나게 될 것이다. 따라서 정직한 정보를 제공하는 리더를 가려볼 수 있는 구성원들의 능력 또한 중요하다.

넷째, 리더는 추진력과 결단력이 있어야 한다.
아무리 좋은 비전과 실천계획이 있다고 해도, 강력한 추진력으로 여러 난관을 뚫고 실천해 내지 않는다면 그림 속의 떡에 지나지 않는다. 또 일을 추진해 나감에 있어서는 무수히 어려운 결정을 해야 한다. 보통 사람들도 인생에 있어서 수많은 결정을 해야 하고, 그 결정의 정확한 효과를 가늠하기 어렵기 때문에 밤을 새며 전전긍긍하기도 한다. 하물며 공동체 전체의 운명을 좌우할 결정을 해야 할 때 겪는 어려움은 더 말할 수 없다. 따라서 결정을 내리는 것을 어려워하는 결정장애가 있는 리더나 앞뒤 가리지 않고 즉흥적인 결정을 하는 리더는 공동체의 미래에 도움이 되지 않는다.

만년 2등이던 펩시콜라를 코카콜라를 넘는 기업으로 키워낸 로저 엔리코(Roger Enrico) 전 CEO는 "어떤 결정을 내려야 할 때 가장 좋은 것은 올바른 결정이고, 다음으로 좋은 것은 잘못된 결정이며, 가장 나쁜 결정은 아무 결정도 내리지 않는 것이다."라고 말했다.17) 물론 앞뒤 생각하지 않고 결정만 내리면 되는 것은 아니다. 또 무조

---

17) 조선경, 『위대한 CEO가 우리에게 남긴 말들』, 위즈덤하우스, 2013, p.134.

건 빠른 결정이 좋은 것도 아니다. 좋은 결정을 내리기 위해서는 관련된 정보를 최대한 모으고, 그를 바탕으로 신중한 결정해야 한다. 그러나 세상에 있는 모든 정보를 모으고 이를 바탕으로 결정하겠다는 완벽주의 태도는 무엇 하나 결정하기 어려운 것도 사실이다.

집단행동 딜레마와 무임승차

앞의 숲속 동물마을 이야기로 돌아가 보자. 동물들은 화장실을 짓기로 의견을 모았고, 동물들이 각각 얼마를 부담해야 할지 정했다고 생각해 보자. 그런데 일부 동물들이 화장실을 짓는 비용을 내지 않고 화장실을 이용한다면, 이를 무임승차(free rider)라고 한다. 한 명 두 명이 무임승차를 하기 시작하면, 곧 많은 사람들이 무임승차를 하게 되는데, 이렇게 무임승차가 늘어나면 그 집단은 공동의 이해관계가 걸려 있는 문제를 해결하는 것이 어려워진다. 이렇게 무임승차로 인해 집단의 행동이 어려워지는 것을 집단행동 딜레마(collective action dilemma)라고 한다.

집단행동 딜레마를 극복하기 위해서는 무임승차에 대한 처벌이 필요하다. 예를 들어, 화장실을 유지하는 데 필요한 비용을 낸 동물들에게만 화장실 비밀번호를 가르쳐준다면, 무임승차하는 동물들을 막을 수 있을 것이다. 물론 나이가 많은 동물이나 장애가 있는 동물에게는 비용을 내지 않도록 하는 배려정책(affirmative action)을 쓸 수는 있지만, 이것은 사회적 합의를 바탕으로 한 것이라는 점에서 무임승차와는 차이가 있다.

□ 생각하기 □

1. 내가 아는 사람 중에서 가장 좋은 리더는 누구인지, 그 이유는 무엇인지 생각해 보자.

2. 왜 리더가 필요한지 생각해 보자.

3. 어떤 리더가 구성원의 신뢰를 받는지 생각해 보자.

4. 역사나 현실 속에서 자기만족적 성향으로 인해 다가오는 위기를 보지 못한 경우를 찾아보자.

5. 내가 속한 공동체의 문제점은 무엇인지, 그 문제를 해결하기 위해서 무엇을 해야 하는지 생각해 보자.

9
민주주의와 경제

민주주의와 경제

8장에서 살펴보았던 맥그리거의 비자발적 구성원과 통제와 명령의 리더십이 있는 X그룹 그리고 자발적으로 참여하는 구성원과 분권과 위임의 리더십이 있는 Y그룹을 정치적으로 표현한다면, X그룹은 권위주의 체제라고 할 수 있는 반면 Y그룹은 민주주의 체제라고 할 수 있을 것이다.

그럼 어떤 요인이 X그룹과 같은 권위주의체제, 그리고 Y그룹과 같은 민주주의체제를 만드는 데 영향을 주었을까? 또, 권위주의체제와 민주주의체제 중 어느 체제가 경제성장에 유리할까? 이 장에서는 민주주의체제를 가능하게 했던 요인은 무엇인지, 그리고 민주주의체제가 경제에 미치는 영향은 무엇인지 살펴본다.

경제가 민주주의에 미치는 영향

X이론과 Y이론을 다시 한 번 상기해 보면, X그룹이 일을 하는 이유는 생리적 욕구나 안전의 욕구를 충족시키기 위해서다. 따라서 스스로 나서서 일을 하는 능동적인 면은 찾기 어렵고 주어진 일만 하

는 X그룹은 지시와 통제의 리더십이 효과적이라고 한다. 이에 반해 구성원들이 소속 및 애정 욕구, 자존 욕구, 그리고 자아실현의 욕구를 추구한다고 가정하는 Y그룹은 공동체 전체를 위한 일을 능동적으로 할 뿐 아니라 자아실현을 위해 스스로 일을 찾아서 하는데, 이러한 Y그룹에서는 명령과 통제는 역효과를 내고 위임과 분권의 리더십이 필요하다고 한다.

매슬로의 5단계 욕구론

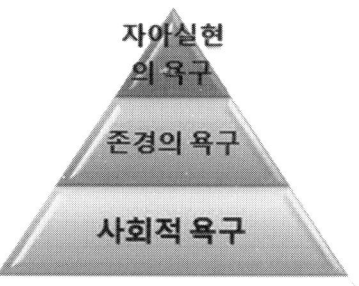

맥그리거의 가정은 매슬로의 욕구 5단계설에 기반한 것인데, 매슬로는 인간의 행동은 각자의 욕구에 바탕을 둔 동기(motive)에 의해 유발된다고 한다. 인간의 욕구는 5단계로 구성되어 있다고 하는데, 생리적 욕구, 안전 욕구, 소속 및 애정 욕구, 자존 욕구 그리고 자아실현의 욕구가 바로 그것이다. 또, 인간의 동기에는 위계가 있어서 각 욕구는 하위 단계의 욕구들이 어느 정도 충족되었을 때 비로소 상위 욕구로 나아간다고 한다.

그럼 왜 X그룹은 생리적 욕구와 안전의 욕구를 추구하는 것에 반해, Y그룹은 사회적 욕구 등과 같은 고차원적 욕구를 추구할까? 이에 대한 대답도 매슬로의 욕구단계론에서 찾을 수 있다. Y그룹은 이미 생리적 욕구나 안전의 욕구를 충족했고 그보다 상위 단계의 욕구인 소속 및 애정의 욕구, 자존의 욕구, 그리고 자아실현의 욕구를 추구하는 것에 반해, X그룹은 생리적 욕구나 안전의 욕구가 충족되지 못했기 때문이다. 그러면 이러한 차이는 어디서부터 생기는 것일까?

가장 중요한 요인은 경제수준이다. 경제적 수준이 낮으면, 먹고 살기 위한 욕구, 즉 생리적 욕구에 대한 강한 열망을 가질 가능성이 높을 수밖에 없다. 예를 들어 흥부전에 나오는 흥부가 놀부네 집에 찾아가서 매를 맞으면서도 밥을 얻어오려고 하는 것은 가족들의 생리적 욕구를 충족시키는 것이 그만큼 중요하기 때문이다. 물론 경제적 수준이 낮다고 모두 소속 및 애정 욕구, 자존욕구, 자아실현 욕구와 같은 상위 단계의 욕구를 가지지 않는다는 뜻은 아니다. 흥부는 가난함에도 불구하고 제비의 부러진 다리를 고쳐줄 정도로 소속 및 애정 욕구를 가지고 있음에 반해 놀부는 그렇지 않은 것에서 욕구수준이 경제수준에 의해 결정되는 것만은 아님을 볼 수 있다.

흥부는 천성이 착하기 때문에 보다 높은 단계의 욕구를 추구하지만, 보통은 교육을 통해 자아실현과 같은 높은 단계의 욕구로 나아간다. 교육은 자신의 잠재력을 개발해 나가도록 가르치는 동시에, 사회의 가치와 질서를 내면화하도록 하기 때문이다. 배부른 돼지보다 배고픈 소크라테스가 되겠다는 밀(J. S. Mill, 1806-1873)의 말처럼 교육은 꼭 경제적 수준이 높아야만 받는 것은 아니다. 또 공식적인 기관을 통해 교육을 받지 않아도 스스로 자신을 개발해 나갈 수 있다.

그럼에도 불구하고 사회 전체적으로 본다면 경제수준이 높은 사회가 교육의 수준도 높은 것이 사실이다.

결국 경제수준과 교육수준이 높아질수록 상위 단계의 욕구를 추구하고, 상위 단계의 욕구를 추구할수록 분권과 위임을 원하게 되는 것이다. 그런데 사회 전체적으로 본다면, 교육수준은 경제수준이 높아야 같이 높아진다. 결국 경제수준이 높아질수록 사회적 욕구수준이 높아지고, 그에 따라 위임과 분권의 민주주의를 원하게 된다고 결론지을 수 있다.

이러한 추론은 무수한 연구를 통해 입증되고 있다. 립셋(Seymour M. Lipset)은 경제수준이 높을수록 민주주의를 유지할 가능성이 높은데, 그 사회의 경제수준은 평균적인 부, 산업화 정도, 도시화 정도, 그리고 교육으로 측정할 수 있다고 한다.[1]

헌팅톤(Samuel P. Huntington)도 가난은 민주주의 발전의 주된 장애물이며, 경제의 발전이 민주주의를 가능하게 한다고 한다. 특히 1974년부터 1990년까지 제3의 민주화 물결이 일어난 것은 1950, 60년대의 전 세계적인 놀라운 경제성장과 밀접하게 연관되어 있다고 주장한다.[2]

물론 경제수준이 높아질수록 민주주의를 할 가능성이 높은 것은 사실이지만, 그렇다고 경제수준이 높아지면 자동으로 민주주의를

---

1) Seymour M. Lipset, "Some Social Requisites of Democracy: Economic Development and Political Legitimacy," *The American Political Science Review* 53 (1): 69-105, 1959.

2) Samuel P. Huntington, "Democracy's Third Wave," *Journal of Democracy 2(2)*: 12-34, 1991.

하게 되는 것도 아니다. 제퍼슨(Thomas Jefferson, 1743-1826)은 자유라는 나무는 독재자와 애국자의 피를 먹고 자란다고 했는데, 독재자의 통제를 벗어나 자유를 쟁취하는 과정은 국가마다 정도의 차이는 있지만 피의 역사라고 지적한 바 있다.

다시 맥그리거의 X그룹으로 돌아가 보자. X그룹은 사실, 전근대 사회와 유사하다. 농업에 의존했고 구성원들은 가난했다. 기후의 영향을 많이 받는 농경사회에서는 농사를 망친 집단이 침입해 농작물을 도적질해 가능성이 높았기 때문에 도적이나 외적의 침입으로부터 막아줄 강력한 리더를 원했다. 그런데 이 강력한 리더는 외적으로부터의 침입만 막는 것이 아니라 구성원들에 대해서도 철권을 휘두르고 사회 전체의 부에서 상당 부분을 가져갔다. 또, 리더는 자신의 혈통이 리더의 자리를 계속 유지하도록 했다. 때때로 엘리트층 내부의 분열이나 갈등으로, 혹은 외적의 침입으로 리더가 교체되기도 했지만, 리더가 교체되어도 리더가 철권을 휘두르는 상황은 변하지 않았다.

그러나 산업화는 교육받은 인간의 중요성을 높였다. 농업사회에서는 토지가 가장 중요한 생산요소이지만, 산업사회로 들어오면서 생산요소로서의 토지의 중요성은 줄어들었다. 대신 교육받은 인간 노동력의 중요성이 높아지고, 이에 따라 자신의 노동력을 개발시키는 것만으로도 상당한 경제적 삶을 누릴 수 있게 되었다.

또, 기계화로 인해 농업생산성 역시 비약적으로 발전했다. 농업생산성의 급증은 식량생산의 급증으로 이어졌고, 이는 다시 식량가격의 하락으로 이어졌다. 인류 역사에 있어서 처음으로 인류가 기아에서 벗어나게 되었고, 더 이상 다른 집단의 식량을 약탈할 필요가 없어지게 되었다. 또, 농산물의 가격하락은 기계화에 불리한 소규모의 농가는 도산하게 만들었는데, 이들은 농업을 포기하고 산업시설이 있는 도시로 모여들었다. 결국 산업화는 도시화를 촉진시켰다.

도시의 노동자들은 자신의 노동력이 돈벌이의 수단인데, 교육에 투자할수록 자신의 노동력의 가치를 높일 수 있었다. 이는 결국 도시 전체의 교육수준을 높이는 결과를 초래했다. 산업화에 의한 경제수준과 교육수준의 증가는 독재자로부터 자신의 사유재산과 생명, 자유를 지키겠다는 의식을 고양시켰다. 또, 이를 위한 정치참여의 권한을 요구하게 되었다.

X그룹에서 Y그룹으로 이행하는 과정은 나라마다 차이가 있다. 영국과 같이 비교적 피를 덜 흘리며 점진적으로 이행하는 곳도 있고, 프랑스와 같이 대규모의 혁명을 겪은 곳도 있다. 미국처럼 독립과 동시에 민주체제가 도입되고, 본격적인 산업화는 그 이후에 시작된 나라도 있다. 일본과 같이 패전 이후 외국군대가 주둔함에 따라 민주주의로 이행한 곳도 있다. 독일이나 한국처럼 민주화를 성취한 후 다시 권위주의로 후퇴하였다가 다시 민주화에 성공한 국가가 있는

가 하면, 여전히 권위주의를 벗어나지 못한 국가도 있다. 이렇게 각 국가가 처한 상황에 따라 민주화의 경로는 상이하지만, 한 가지 공통점은 경제수준과 교육수준이 낮으면서도 민주화에 성공하고, 또 유지하는 국가는 없다는 점이다.

민주주의가 경제에 미치는 영향

맥그리거는 지시와 통제의 리더십으로 운영되는 X그룹보다 분권과 위임으로 운영되는 Y그룹이 더 높은 성과를 낸다고 했는데, 이는 국가경제에 있어서도 마찬가지다. 민주주의 국가가 권위주의 국가와 달리 지속적인 경제성장을 기록한다. 물론 경제수준이 높은 국가가 민주화되었다는 점을 감안하면, 출발점이 다른 것도 사실이다. 그러나 출발점이 다른 것을 감안해도 민주주의 국가가 장기적인 관점에서 지속적인 경제성장을 한다. 여기서는 먼저 경제성장의 조건은 무엇인지를 살펴보고, 그리고 왜 민주국가가 더 높은 경제성장을 기록하는지 그 원인을 살펴본다.

1. 경제성장의 메카니즘

재화나 서비스를 생산하기 위해 투입되는 자원을 생산요소라고 하는데, 흔히 생산의 3요소라고 하면 토지, 자본, 노동을 지칭한다. 농업을 주로 하는 전근대 시대에는 토지가 가장 중요한 생산요소였지만 산업화는 토지의 생산요소로서의 중요성을 낮추고 자본과 노동의 중요성을 높였다. 정보화시대에 접어든 현재에는 단순한 힘이나 기술을 제공하는 노동의 가치는 낮아졌지만, 인간의 지식과 창의성이 주요한 생산요소로 자리하게 되었다. 이 때문에 최근에는 노동이라는 단어 대신에 인간자본이라는 단어를 빈번하게 사용한다.

　인간자본이라고 하면 인간의 단순한 힘이나 기술이 아니라 인간의 지식과 창의력을 바탕으로 하는 새로운 노동을 설명하기에 적절할 뿐 아니라 투자에 의해서 인간의 능력을 더 계발할 수 있다는 면을 나타내는 데도 유리하다. 한편, 비인간 자본인 토지와 자본을 통칭해 물리적 자본이라고 한다.

　결국 경제가 성장하고자 한다면, 인간자본과 물리적 자본에 대한 투자가 증가하거나 기술의 발달로 인간자본과 물리적 자본의 생산성이 증가해야 한다. 그런데, 인간자본과 물리적 자본에 투자를 결정하는 경제주체는 수도 없이 많다. 정부, 그리고 수많은 기업과 가계가 투자를 결정해야 하는데, 그러면 수많은 경제주체들이 투자를 하도록 유인하는 요인에는 어떤 것이 있는지 살펴보자.

　투자를 하는 이유는 미래의 수익을 바라고 한다. 투자가 미래에 더 큰 수익을 가져다주지 않는다면, 돈을 땅에 파묻어 놓지 굳이 투자하지 않는다. 인간자본에 대한 투자도 마찬가지다. 공부를 더 많이 해야 미래에 더 좋은 직장, 혹은 더 많은 돈을 벌 수 있기 때문에 아름다운 청춘을 바쳐서 공부하는 것이다. 물론 인간자본에 대한 투자도 수확체감의 법칙이 작동한다. 무한히 투자한다고 해서 무한한 부를 가져다 주는 것은 아니다.

그런데 체제와 제도의 불예측성으로 인해 투자의 수익에 대한 예측이 되지 않는다면 경제주체들은 투자를 꺼리게 된다. 또, 사유재산권이 보장되지 않는다면 경제주체들은 투자에 나서지 않게 된다. 결국 민주주의는 권위주의 혹은 독재체제보다 체제와 제도의 예측가능성이 높을 뿐 아니라 사유재산권의 보장이 되기 때문에 투자에 친화적이고, 이는 다시 경제성장에 친화적이다.

2. 민주주의와 물리적 자본

민주주의는 다수 유권자의 요구에 따라 물리적 자본의 재분배를 촉진하는 경향이 있다. 이 때문에 민주주의국가가 그렇지 않은 국가에 비해 물리적 자본이 평등하게 분포되는 경향이 있다. 물리적 자본의 평등한 분배가 경제성장에 미치는 영향에 대한 학자들의 의견은 좀 엇갈린다.

경제학자들은 물리적 자본에 대한 평등한 분배 요구가 커질수록 물리적 자본의 축적이 어려워진다고 한다. 예를 들면, 민주주의에서는 집회와 결사의 자유에 따라 노조의 활동이 활발하기 때문에 민주주의에서는 임금이 높은 경향이 있다. 임금이 높아지면 자본의 이익이 줄어들기 때문에 자본의 축적이 줄어드는 경향이 있고, 자본의 축적이 줄어들면 투자도 줄어들기 때문에 경제성장에는 부정적인 영향을 미친다고 한다.3)

---

3) 민주주의에서는 예상치 못한 재산의 몰수나 정책의 급격한 변화가 없기

그러나 장기적으로 보면, 물리적 자본의 불평등 개선은 경제성장에 오히려 도움이 된다고 한다. 물리적 자본의 불평등이 개선되면 소요나 집단갈등과 같은 정치 불안의 가능성이 줄어들기 때문에 장기적으로 경제성장에 도움이 된다고 한다.4) 또, 물리적 자본의 불평등 개선은 인적 자본에 대한 투자를 증가시키고, 인적 자본의 투자는 경제성장에 긍정적인 영향을 미친다고 한다.

3. 민주주의와 인간자본

인간자본이 경제성장에 미치는 긍정적인 효과는 수많은 연구를 통해 입증되고 있다.5) 생산요소가 축적되고, 또 생산성이 높아질수록 성장한다는 점에서 어쩌면 당연한 결과일 것이다.

인간자본에 대한 투자는 개인이 자신의 시간과 노력, 돈을 투자해서 이루어지기도 하지만, 국가를 통해서 이루어지기도 한다. 의무교

　　때문에 경제의 예측가능성이 높고, 이는 해외투자를 유인하는 요인이 되기 때문에 높은 임금에 의해서 자본축적이 방해되는 것을 상쇄할 수 있다는 주장도 있다.

4) Timothy Besley and Robin Burgess, "Land Reform, Poverty Reduction and Growth: Evidence from India," *Quarterly Journal of Economics* 115, 2000; Kenneth L. Sokoloff and Stanley L. Engerman, "Institutions, Factor Endowments, and Paths of Development in the New World," *Journal of Economic Perspectives* 14, 2000.

5) Matthew A. Baum and David A. Lake, "The Political Economy of Growth: Democracy and Human Capital," *American Journal of Political Science* 47, 2003.

육, 교육시설 확충, 공공의료, 체육시설 및 프로그램 등과 같은 다양한 복지시설과 프로그램을 통해서도 인간자본에 대한 투자가 이루어진다.

그런데 민주주의에서는 물리적 자본의 불평등이 개선되기 때문에 개인이 스스로를 개발하거나 가족구성원의 인적자본에 대한 투자를 늘릴 수 있는 여유가 더 있다. 또, 민주주의에서 정치엘리트들은 더 많은 유권자를 지지를 이끌어내기 위해 의무교육, 공공의료, 다양한 복지시설 제공과 같은 방식으로 인적 자본에 더 많이 투자하게 된다.

그러나 독재자나 권위주의 정부는 힘을 통해 지배체제를 유지할 수 있기 때문에 개인에 대해 물리적 자본을 배분하려 하지 않으려는 경향이 있을 뿐 아니라 다양한 시설과 프로그램 제공을 통한 인적자본 투자에 나설 필요성을 느끼지도 못한다. 대신 정치엘리트 자신과 정치엘리트와 결탁한 경제엘리트에 분배되는 몫을 늘리고자 한다. 결국 민주주의 국가에서 인간자본에 대한 투자가 더 많으며, 이는 다시 경제성장에 긍정적인 효과를 미치는 것이다.

4. 민주주의와 정치자본

민주주의는 독재나 권위주의에 비해서 엄청난 정치자본을 가지고 있다. 시민의 자유권, 자유재산권, 계약권 등이 법으로 보장되기 때문에 투자자는 미래에 자신의 권리가 급격하게 박탈될 걱정을 할 필요 없이 투자할 수 있다. 또, 민주주의 체제는 자유롭고 공정한 선거에 의해서 평화적으로 정권이 교체되기 때문에 대규모의 사회불안과 같은 불예측성이 적고, 이는 투자를 유발하는 데 도움이 된다.

① 법의 지배

공유지의 비극을 통해서 확인할 수 있듯이 인간은 사유재산권이 보장되어야 적극적으로 투자하고, 사유재산권이 보장되지 않으면 투자하지 않는다. 지적 재산도 마찬가지다. 지적재산권이 보장되어야 지적재산에 투자를 하고, 지적 재산이 보장되지 않는다면 투자를 하지 않게 된다.

마찬가지로 계약, 노동, 조세관련 법률 등이 수시로 변화한다면 투자자는 기대수익을 예측하기 어려워지기 때문에 투자를 꺼리게 된다. 그러나 투자의 기대수익에 영향을 줄 수 있는 법들이 안정적이라면 기대수익을 안정적으로 예상할 수 있고, 그 예상을 바탕으로 투자에 나서게 된다.

권위주의나 독재체제는 정치엘리트의 변덕에 따라 법이 수시로 바뀌거나 법이 모든 사람에게 평등하게 적용되지 않는다. 정치엘리트와 그들과 가까운 사람들은 법 위에 있어서 법을 어겨도 처벌을 받지 않거나 적게 받는 것에 반해, 그렇지 않은 사람들은 법에 명시된 권한도 보호받지 못하는 경우가 비일비재하다. 이러한 경우 투자자는 기대수익을 예상하기 어렵고, 따라서 투자를 주저하게 된다.

이에 반해 민주주의 체제는 민주적 절차를 거쳐서 법을 개정하기 때문에 법을 쉽게 바꾸기 어렵고, 따라서 법의 안정성이 유지된다. 이는 정치권력이 바뀌었다고 하루아침에 법이 바뀌지 않는다는 것을 의미한다. 또 법은 누구에게나 평등하게 적용되기 때문에 정치권력과의 친소 여부에 따라 법이 규정하는 사유재산권을 보호받지 못할 우려도 없다. 결국 민주주의에서는 법체계가 안정적일 뿐 아니라 법이 누구에게나 평등하게 적용되기 때문에 투자의 기대수익을 안정적으로 예측할 수 있고, 따라서 투자가 용이해진다.

민주주의와 개헌

1948년 7월 17일 제헌헌법이 공포된 이후부터 총 9번의 개헌을 했다. 1952년 임시수도 부산에서 1차 개헌이 이루어짐에 따라 제헌헌법의 수명은 4년으로 단명했다. 그로부터 2년 후 또 다시 개헌이 이루어졌는데, 1954년에 있었던 4사5입 개헌이다. 1954년 개정 헌법은 초대 대통령에 한해서 중임을 1회로 제한하는 규정을 적용하지 않는다고 규정해 이승만 대통령의 3선 길을 열었다.

부정선거에 대한 국민의 분노로 이승만 대통령이 하야함에 따라 1960년 3차 개헌이 이루어져 최초로 의원내각제가 도입되었다. 1960년에는 또 한 번의 개헌이 이루어지는데, 반민주행위자 처벌을 위한 소급입법의 근거를 만드는 부칙개헌이었다.

5.16군사정변과 함께 5차 개헌이 있었는데, 대통령제로의 회귀가 주된 내용이었다. 1969년에는 대통령의 3선을 가능하도록 하는 6차 개헌이 있었으며, 그것으로 모자라 1972년에는 유신헌법을 만들었다.

박정희 전 대통령의 암살 이후 생긴 권력공백 상태를 장악한 전두환

등 정치군인은 또 한 번의 개헌을 주도했는데, 1980년 대통령 단임제를 골자로 하는 8차 개헌이었다. 결국 1948년부터 1987년까지 약 40년 동안 8번의 개헌이 있었는데, 이는 최고의 법인 헌법의 수명이 5년에 지나지 않음을 의미한다.

그러나 1987년 민주화로 만들어진 9차 개헌헌법은 30년 이상 지속되고 있다. 1987년 민주화가 급작스럽게 이루어졌고, 이 때문에 9차 개헌헌법 역시 숙고의 시간을 가지치 못한 채 이루어졌다. 그 결과 9차 개헌헌법의 여러 한계가 지적되고 있지만, 긴 생명력을 자랑하고 있다.

결국 독재체제나 권위주의체제에서는 지도자들의 이익을 반영해 급작스런 제도나 법의 변화가 가능하지만, 다수의 동의가 있어야 하는 민주주의 체제에서는 법이나 제도의 변화가 쉽지 않음을 볼 수 있다.

② 정치안정

앞에서 말한 것처럼 투자는 미래의 수익을 예상하면서 현재에 이루어지는 것이다. 때문에 투자자는 불예측성을 가장 두려워하게 되는데, 정치에 있어서 불예측성을 일으키는 대표적인 요인은 정치와 사회의 불안이다.

정치불안은 정치엘리트들이 선거와 같은 민주적 절차 아래서 권력을 차지하기 위한 경쟁을 하는 것이 아니라 쿠데타, 정적에 대한 암살이나 테러와 같은 비민주적인 방식으로 권력을 차지하기 위한 경쟁을 할 때 발생한다. 또, 권력 교체 이후 대규모의 정치보복이 있어도 정치불안이 발생한다.

정치가 불안하면 투자자는 심리적으로 위축될 뿐 아니라 경우에 따라서는 투자자도 구 권력과 연계되었다는 혐의로 보복을 당할 수 있기 때문에 투자를 꺼리게 되는 경향이 있다. 반대로 민주주의 국가에서는 권력을 향한 경쟁이 민주적으로 이루어질 뿐 아니라 선거 이후에 패자에 대한 보복이나 전 정부에 대한 정치보복이 없기 때문에 정치는 안정되고 투자자는 미래수익을 계산하는 데 있어서 예측가능성이 높아진다.

사회불안은 사회적 불평등이 큰 곳에서 발생한다. 다양한 인종이나 문화, 종교, 언어를 사용하는 사람들로 구성된 사회에서 집단 간 다양성과 평등성을 보장하지 않고, 특정 집단이 우월적인 지위에 있고 다른 집단은 열등한 지위에 있다면 사회불안이 발생할 가능성이 높다. 단일한 인종 등으로 구성되어 있다고 해도 부의 불평등이 심각한 경우에는 사회불안이 발생할 수 있다.

러시아의 푸틴 대통령이 전 세계에서 가장 부자라는 말이 나올 정도로 권위주의나 독재체제에서는 정치엘리트나 정치엘리트와 친한  기업이 부를 독점하게 되고, 따라서 불평등은 심화된다. 그러나 민주주의 정치체제에서는 부자나 빈자나 모두 동일한 1표를 행사할 수 있기 때문에 더 많은 표를 얻기 위해 정치엘리트들은 재분배 정책을 실시하게 되고, 이는 다시 부자와 빈자간의 부의 격차를 줄이는 효과를 낳는다. 이렇게 부의 불평등이 완화되면 사회가 안정되고, 사회가 안정되면 투자심리도 안정된다.

③ 공정경쟁

민주주의는 정치권력만 룰에 따라서 공정하게 경쟁하는 것이 아니라 경제주체도 공정한 경쟁을 한다. 불공정 경쟁의 대표적인 예인 진입장벽은 정치엘리트가 자신과 가까운 경제엘리트들을 경쟁으로부터 보호하고 지대를 추구할 수 있도록 하기 위해 만들어지는 경향이 있다. 그러나 민주주의 체제에서는 정치엘리트들이 자신과 가까운 경제엘리트들이 지대를 추구할 수 있도록 진입장벽을 만들거나 독과점을 허용하기 어렵다.

진입장벽이나 독과점과 같은 불공정경쟁이 허용되지 않는 경제체제에서는 경쟁이 심해지기 때문에 더 낮은 가격에 더 좋은 재화를 공급하는 공급자가 생존하게 된다. 더 낮은 가격의 더 좋은 재화는 소비자의 복지를 향상시킬 뿐 아니라 대외적인 경쟁력을 강화한다. 결국 민주주의의 공정한 경쟁은 혁신과 효율성을 증대시키며, 이는 경제성장에 도움이 된다.

④ 청렴과 재정건전성

부패는 앞에서 본 것과 같은 불공정 경쟁을 야기할 뿐 아니라 재정의 불건전성을 초래한다. 다음과 같은 두 가지 경로다. 첫째는 정치엘리트가 뇌물을 받고 경제주체의 세금을 줄여주는 것인데, 이는 결과적으로 세수결손을 초래한다. 두 번째는 국고를 집행할 때인데, 정치엘리트가 뇌물을 받고 비용 대비 질이 낮거나 질 대비 가격이 높은 재화를 구매한다면 국고는 낭비될 수밖에 없다.

결국 부패한 정치엘리트는 국가의 재정을 엉망으로 만들어 국가부채를 증가시킨다. 국가가 많은 돈을 빌어갈수록 민간이 사용할 돈은 줄어들고, 결국 민간의 투자가 줄어들게 되어 경제의 성장이 어렵게 된다.

5. 민주주의와 사회자본

사회자본이란 구성원의 협력적 행위를 용이하게 하는 신뢰, 사회규범, 인적 네트워크와 같은 사회조직의 특징을 말한다. 사회자본이 풍부한 이탈리아 북부가 그렇지 못한 남부보다 경제성장을 한다는 것을 보여준 푸트남의 연구 이후, 사회자본이 경제성장을 가능하게 한다는 것을 재확인하는 연구결과는 무수히 많다.6)

---

6) R. D. Putnam, R. Leonardi, R. Nanetti, *Making Democracy Work: Civic Traditions in Modern Italy.* University Press; 1993; D. L. Brown, and D. Ashman, "Participation, social capital, and intersectoral problem-solving: African and Asian cases," *World Development* 24(9) September 1996, pp.1467-1479; S. Knack, P. Keefer, "Does Social Capital Have an Economic Payoff? A Cross-Country Investigation," *Quarterly Journal of Economics* 112 (4), 1997, pp.1251-1288; A. Krishna, and N. Uphoff, "Mapping and Measuring

사회자본이 경제성장에 긍정적인 역할을 미치는 이유는 사회자본이 정보비용과 교환비용을 낮추고, 이는 시장의 효율성을 촉진시키기 때문이다. 또, 사회자본은 생산과정에 필요한 물리자본의 양을 감소시키기 때문에 생산의 비용을 감소시키고, 이는 결과적으로 경제성장에 도움이 된다. 다른 한편에서 사회자본은 공공재에 대한 투자를 활성화시키고 공공재는 사회적 효율성을 높여서 경제성장에 기여한다.

① 거래비용

시장에서 재화를 거래하는 데는 적지 않은 비용이 발생한다. 거래비용은 재화의 거래가 있기 이전에 발생하는 사전비용과 거래 이후에 발생하는 사후비용이 있다. 사전비용으로는 재화에 대한 정보비용이 대표적이고, 사후비용은 계약을 이행하지 않는 경우 이를 이행하도록 강제하는 과정에서 발생하는 비용이다.

예를 들어 중고차를 사려고 하면, 어느 차가 어느 정도의 가격이 적정한지 알아보기 위해 인터넷 사이트를 검색하는 것은 물론, 중고차 판매처를 찾아다니면서 가격과 차의 상태를 비교해 보아야 한다. 또, 어느 중고차 딜러가 차의 상태에 대해서 정직한 정보를 제공하는가에 대한 정보도 알아보아야 하는데, 이렇게 정보를 얻기 위한 비용을 정보비용이라고 한다.

만일 중고자동차 판매상들이 자동차에 대해 속이지 않고 정직한

Social Capital: A Conceptual and Empirical Study of Collective Action for Conserving and Developing Watersheds in Rajasthan, India," *Social Capital Initiative Working Paper* No. 13, 1999.

정보를 제공한다면, 정보를 얻기 위한 비용은 최소한에 그칠 것이다. 그런 만큼 중고차를 사는 데 망설이지 않게 돼 거래는 활성화되고 경제는 성장한다. 그러나 중고자동차 판매상들이 거짓정보를 제공한다면 소비자는 정보비용을 많이 지출할 수밖에 없다. 정보비용이 많이 드는 시장은 비효율적이고, 그런 만큼 거래가 활성화되기 어렵다.

거래가 발생하고 난 이후에도 거래비용은 발생할 수 있다. 예를 들어 중고자동차 딜러로부터 사고가 난 적도 침수된 적도 없다고 듣고 중고자동차를 샀는데, 자동차 정비과정에서 침수된 차일 뿐 아니라 자동차 사고가 난 흔적도 있음을 알게 되었다고 가정해 보자. 화가 난 소비자는 딜러에게 중고자동차를 환불해달라고 요구할 것이다. 딜러가 환불요구를 들어주지 않는 경우 소비자는 소비자보호원에 신고를 하거나 소송을 하게 되고, 이러한 과정에서도 비용이 발생한다.

법의 규제로 인한 것이든 아니면 암묵적 사회규범에 의한 것이든 딜러가 정확한 정보를 제공하는 신뢰사회라면 소비자는 재화에 대한 정보를 얻는 데 많은 비용을 지불할 필요가 없을 뿐 아니라 재화를 구매한 후에도 판매자와 다툼이 일어날 가능성이 적다. 결국 신뢰사회에서는 거래비용이 줄어들기 때문에 결과적으로 재화의 가격도 낮아지고, 이는 재화의 경쟁력을 높여서 경제성장에 도움이 된다.

② 생산비용

사회자본은 생산과정에 투입되는 물리자본의 단가를 낮추거나 물리자본의 소요량을 줄임으로써 생산비용을 낮춘다. 생산자도 원자재의 구매자라는 점을 생각해 보면, 사회자본이 높은 사회의 생산자는 낮은 거래비용을 지불하면서 원자재를 구매할 수 있어서 생산의 비용을 낮출 수 있다. 뿐만 아니라 신뢰사회에서는 보안을 위한 비용도 줄일 수 있다.

집을 짓는다고 가정해 보면, 신뢰가 높은 사회에서는 담장을 만들 필요가 없기 때문에 그만큼 비용이 줄어든다. 그러나 신뢰가 낮은 사회에서는 담장을 높이 쌓고 나서도 안심이 안 되어 그 위는 철조망을 치고, 그것도 모자라서 철조망에 전기가 흐르도록 하는데, 집 짓는 비용도 그만큼 늘어날 수밖에 없다.

신뢰사회에서는 규제를 줄일 수 있고, 또 그런 만큼 행정력의 낭비도 줄일 수 있다. 아무런 규제가 없어도 경제주체가 안전한 식품을 만들고 소방안전시설을 잘 한다면, 정부는 식품의 첨가물검사나 안전검사에 대한 규제를 만들 필요도 없고 소방안전과 관련된 규제를 만들 필요도 없다. 또, 그 이행 여부에 대한 단속에 막대한 행정력을 사용할 필요가 없다. 모두가 교통법규를 잘 지킨다면, 모두가 컨닝을 하지 않는다면 등 예는 무한하다. 결국 신뢰사회는 생산비용을 낮춤으로써 재화의 경쟁력을 높이게 되고, 이는 경제성장에 도움이 된다.

③ 공공재의 제공

요즘은 대부분의 공공화장실에 화장지가 비치되어 있어서 화장지가 없어서 낭패를 보는 경우는 거의 없다. 그러나 이것이 그렇게 오래된 일은 아니다. 처음 공공화장실에 화장지를 비치할 때만 해도 화장지를 통째로 집에 가져가는 사람이 있는가 하면 화장실 바닥에 화장지가 수북할 정도로 쓰지도 않은 화장지를 풀어놓는 사람도 있었다. 그러자 큰 두루마리화장지를 관리자가 아니면 빼내 갈 수 없도록 하는 화장지 케이스가 등장했다.

이러한 시스템을 통해 교육이 이루어졌기 때문인지 요즘은 공중화장실에 비치된 화장지를 가져가는 사람은 보기 어려워졌다. 그러나 만약 앞에서와 같은 조치들이 취해졌음에도 불구하고 화장지 케이스를 부수고 화장지를 가져가는 사람들이 있다면 공중화장실에 화장지를 비치하는 사업은 계속되기 어렵다.

이러한 예는 수도 없이 많다. 공원의 꽃과 나무를 뽑아다 자기 집에 가져다 심는다면 공원은 황폐해지고 도시와 인간도 황폐해진다. 종량제봉투 값을 지불하지 않으려고 쓰레기를 모두 공원이나 도로에 내다 버린다면 도시는 곧 쓰레기 천국이 될 것이다. 이와 같은 무수한 예를 들 수 있는데, 사회규범을 지키지 않는 사회는 공공재의 제공이 어렵고, 공공재의 제공이 안 되면 그만큼 사회적으로도 경제적으로 비효율적이 된다.

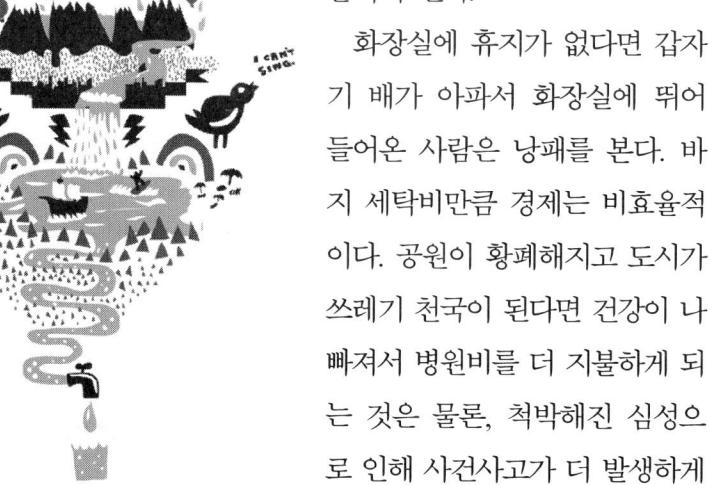

화장실에 휴지가 없다면 갑자기 배가 아파서 화장실에 뛰어들어온 사람은 낭패를 본다. 바지 세탁비만큼 경제는 비효율적이다. 공원이 황폐해지고 도시가 쓰레기 천국이 된다면 건강이 나빠져서 병원비를 더 지불하게 되는 것은 물론, 척박해진 심성으로 인해 사건사고가 더 발생하게 될 것인데, 그 비용만큼 경제는 비효율적이 된다.

결국 공공재의 제공은 경제의 효율성에 기여하는데, 공공재의 지속적인 제공이 가능하기 위해서는 사회규범을 지키는 의식이 필요한 것이다.

□ 생각하기 □

1. 신뢰부족으로 정보비용이 증가하는 예를 생각해 보자.

2. 신뢰부족으로 사후비용이 발생하는 예를 생각해 보자.

3. 신뢰부족으로 생산비용이 증가하는 예를 생각해 보자.

4. 사회적 자본인 신뢰를 향상시킬 수 있는 방법을 생각해 보자.

<참고문헌>

1. 국내문헌

강원택, 2008. 『한국 정치론』, 박영사.
김용호, 2001. 『한국 정당정치의 이해』, 나남출판.
김현우, 2000. 『한국정당 통합운동사』, 을유문화사.
마르크스·엥겔스, 1989. 『공산당선언』, 남상일 옮김, 백산서당.
마키아벨리, 2015. 『군주론』, 강정인·김경희 옮김, 까치.
박효종, 1994. 『합리적 선택과 공공재』, 인간사랑.
심지연, 2004. 『한국정당정치사』, 백산서당.
심지연·김민전, 2006. 『한국정치제도의 진화경로』, 백산서당.
아담 스미스, 2017. 『국부론1』과 『국부론2』 유인호 옮김, 동서문화사.
아리스토텔레스, 2008. 『니코마스 윤리학』, 최명관 옮김, 창.
아리스토텔레스, 2009. 『정치학』, 천병희 옮김, 숲.
이상주, 2013. 『세종의 공부』, 다음세상.
이현우, 2004. "정당투표제 도입과 정치적 효과," 『17대 총선분석』, 한국정치학회 총선분석특별학술회의 발표논문집.
오강남, 1999. 『장자』, 현암사.
정진민, 1998. 『후기 산업사회 정당정치와 한국의 정당발전』, 한울.
조선경, 2013. 『위대한 CEO가 우리에게 남긴 말들』, 위즈덤하우스.
존 로크, 2012. 『시민정부』, 남경태 옮김, 효형출판.
존 롤즈, 2016. 『공정으로서의 정의』, 김주휘 옮김, 이학사.

존 스튜어트 밀, 2005. 『자유론』, 정영하 옮김, 산수야.
토마스 홉스, 2009. 『리바이어던』, 최진원 옮김, 동서문화사.
플라톤, 2018. 『플라톤의 국가론』, 최현 옮김, 집문당.

2. 외국문헌

Abbot, J., 2009. *Alexander the Great: Makers of History,* Cosimo. Inc.

Aldrich, J., 1995. *Why Parties? The Origin and Transformation of Political Parties in America,* University of Chicago Press.

Amorim N. O. and Cox G., 1997. "Electoral Institutions, Cleavage Structures, and the Number of Parties," *American Journal of Political Science* 41(1): 149-174.

Anderson, C., 1995. "Party Systems and the Dynamics of Government Support: Britain and Germany, 1960-1990," *European Journal of Political Research* 27(1): 93-118.

Andweg, R. B., 2000. "Party Government, State, and Society: Mapping Boundaries and Interrelations," J. Blondel and M. Cotta eds. *The Nature of Party Government: A Comparative European Perspective.* Palgrave.

Annelise, A., ed., 2000. *Political Money: Deregulating American Politics.* Stanford, Hoover Institution Press.

Aranson, P. H. and Odershook P. C., 1972. "Spatial Strategies for Sequential Elections," *Decision Making.* Columbus: Merrill.

Bardhan, P., 2005. "Institutions Matter, but Which Ones?" *Economics of Transition* 13(3): 499-532.

Baum, M. A. and Lake D. A., 2003. "The Political Economy of Growth: Democracy and Human Capital," *American Journal of Political Science* 47(2): 333-347.

Baumgartner, J. C., 2000. *Modern Presidential Electioneering: An Organizational and Comparative Approach.*, Praeger Publishers.

Beck, P. A., 1997. "The Three-part political party," In *Party Politics in America* 8th, Pearson Education. Inc.

Berger, S. and Piore M. J., 1980. *Dualism and Discontinuity in Industrial Societies,* Cambridge University Press.

Besley, T. and Burgess R., 2000. "Land Reform, Poverty Reduction and Growth: Evidencefrom India," *Quarterly Journal of Economics* 115(2): 389-430.

Boix, C., 1999. "Setting the Rules of the Game: The Choice of Electoral Systems in Advanced Democracies," *American Political Science Review* 93(3): 609-624.

Bowler, Shaun., Farrell D. M. and Katz R. S. eds., 1998. *Party Discipline and Parliamentary Government,* Ohio State University Press.

Brosnan, S. F. and de Waal B. M., 2003. "Monkeys reject unequal pay," *Nature* 425: 297-299.

Brown, D. L. and Ashman D., 1996. "Participation, social capital, and intersectoral problem-solving: African and Asian cases," *World Development* 24(9): 1467-1479.

Buchanan, B., 1996. *Renewing Presidential Politics: Campaigns, Media, and The Public Interest,* Rowman & Littlefield Publishers.

Burke, E., 1886. *Thoughts on the Present Discontents, and Speeches,* Cassell & Compny, Limited.

Burns, J. M., 2012. *Leadership.* Open Road Media.

Campbell, J. L., 2004. *Institutional Change and Globalization,* Princeton University Press.

Carlyle, T., 1966. *On Heroes, Hero-Warship, and The Heroic in History,* The University of Nebraska Press.

Chretien, J., 1994. *Straight from Heart,* Key Poter Books.

Clausen, A., 1973. *How Congressmen Decide: A Policy Focus,* St. Martin's.

Coleman, J. S., 1972. "The Positions of Political Parties in Elections," in Niemi, R. G. and H. F. Weisberg eds., *Probability Models of Collective Decision-Making,* Merrill.

Converse, P. E., 1964. "The Nature of Belief Systems in Mass Publics," in David Apter ed. *In Ideology and Discontent,* Free Press.

Cox, G. W., 1997. *Making Votes Count: Strategic Coordination in the World's Electoral Systems,* Cambridge University Press.

Cox, G. W. and McCubbins M. D., 1986. "Electoral Politics as a Redistributive Game," *Journal of Politics* 48(2): 370-389.

Crewe, I., 1985. *Electoral Change in Western Democracies: Patterns and Sources of Electoral Volatility,* St. Martin's Press.

Cusack, T., Lversen T. and Soskice D., 2003. "Economic Interests and the Origins of Electoral Institutions," Previous versions of this paper were presented at the Annual Meetings of the *American Political Science Association* Chicago, Sept. 2004, and the Conference on the Diversity of *Politics and Varieties of Capitalism,* Wissenschaftszentrum Berlin, Oct. 31~Nov.1.

Dalton, R., 2002. *Citizen Politics: Public Opinion and Political Parties in Advanced Industrial Democracies,* 3rd ed., Chatham House.

Dalton, R., McAllister I. and Wattenberg M., 2000. "The Consequences of Partisan Dealignment," in R. Dalton and M. Wattenberg eds. *Parties without Partisans: Political Change in Advanced Industrial Democracies,* Oxford University Press.

Denzau, A. T. and Munger M. C., 1986. "Legislators and Interest Groups: How Unorganized Interests get Represented," *American Political Science Review* 80: 89-106.

Enelow, J. and Hinich M., 1984. *The Spatial Theory of Voting,* Cambridge University Press.

Epstein, L. D., 1980. *Political Parties in Western Democracies,* Transaction

Publishers.

Evans, G. and Norris P., 1999. *Critical Election: British Parties and Voters in Long-term Perspective,* Sage Publications.

Fligstein, N., 1997. *Markets, Politics, and Globalization.,* Upsala University.

Farrell, D. and Webb P., 2000, "Political Parties as Campaign Organizations," in R. Dalton and M. Wattenberg, eds., *Parties without Partisans: Political Change in Advanced Industrial Democracies,* Oxford University Press.

Ferejohn, J. and Satz D., 1994. "Rational Choice and Social Theory," *Journal of Philosophy* 91(2): 71-87.

Fine, B. and Milonakis D., 2003. "From Principle of Pricing to Pricing of Principle: Rationality and Irrationality in the Economic History of Douglass North," *Comparative Studies in Society and History* 45(3): 546-570.

Hall, P. A., 1997. "The Role of Interests, Institutions, and Ideas in the Comparative Political Economy of the Industrialized Nations," in M. I. Lichbach and A. S. Zuckerman ed., *Comparative Politics: Rationality, Culture, and Structure,* Cambridge University Press.

Hall, P. A., 1992. "The Movement from Keynesianism to Monetarism: Institutional Analysis and British Economic Policy in the 1970s," in S. Steinmo, K. Thelen and F. Longstreth ed., *Structuring Politics: Historical Institutionalism in Comparative Analysis,* Cambridge University Press.

Hall, P. A. and Soskice D. eds., 2001. *Varieties of Capitalism: The Institutional Foundations of Comparative Advantage,* Oxford University Press.

Hardin, G., 1968. "The Tragedy of Commons," *American Association for the Advancement of Science* 162(3859): 1243-1248.

Hattam, V. C., 1993. *Labor Visions and State Power: The Origins of Business Unionism in the United States,* Princeton University Press.

Hersey, P. and Blanchard K., 1985. *Management of Organizational Behaviour: Utilizing Human Resources,* 8th edition, Premtice-Hall.

Hinich, M. J. and Pollard W., 1981. "A New Approach to Spatial Theory of Electoral Competition," *American Journal of Political Science* 25(2): 323-341.

Huntington, S. P., 1991. "Democracy's Third Wave," *Journal of Democracy* 2(2): 12-34.

Jewell, M. E., 1982. "The Consequences of Single and Multimember Districting," in B. Grofman, A. Lijohart, R. B. McKay and H. A. Scarrow, *Representation and Redistricting Issues,* Lexington Books.

Judge, D., 1995. "The Failure of National Parliaments," *West European Politics* 18: 79-100.

Katz, R. and Mair P., 1995, "Changing Models of Party Organization and Party Democracy: The Emergence of the Cartel Party," *Party Politics* 1: 5-28.

Key, V. O., 1964. *Politics, Parties, and Pressure Groups,* Crowell Company.

King, A., 1976. "Modes of Executive-Legislative Relations," *Legislative Studies Quarterly* 1: 11-36.

Knack, S. and Keefer P., 1997. "Does Social Capital Have an Economic Payoff? A Cross-Country Investigation," *Quarterly Journal of Economics* 112 (4): 1251-1288.

Krasner, S. D., 1988. "Sovereignty: An Institutional Perspective," *Comparative Political Studies* 21(1): 66-94.

Krishna, A. and Uphoff N., 1999. "Mapping and Measuring Social Capital: A Conceptual and Empirical Study of Collective Action for Conserving and Developing Watersheds in Rajasthan, India," *Social Capital Initiative Working Paper* No. 13.

Lasswell, H. D., 1936. *Politics: Who Gets What, When, How,* Whittlesey house, McGraw-Hill book Company Inc.

Levush, R., 1991. *Campaign Financing of National Elections in foreign*

Countries, Diane Pub Co.

Lijphart, A., 1994. *Electoral Systems and Party Systems: A Study of Twenty-Seven Democracies 1945-1990,* Oxford University Press.

Lipset, S. M., 1959. "Some Social Requisites of Democracy: Economic Development and Political Legitimacy," *The American Political Science Review* 53 (1): 69-105.

Mair, P., 1997. *Party System Change: Approaches and Interpretations,* Oxford University Press.

Marx, K., 1970. *Critique of the Gotha Program,* 1875. Part 1. *In* Marx/Engels Selected Works, Volume Three, pp.13-30, Progress Publishers.

Mcgregor D., 2006. *The Human Side of Enterprise,* Annotated edition, McGraw-Hill Education.

North, D., 1990. *Institutions, Institutional Change and Economics Performance,* Cambridge University Press.

Osborne, Robin, 2008. *The World of Athens: An Introduction to Classical Athenian Culture,* Cambridge University Press.

Ostrogorski, M. I., 1992. *Democracy and the Organization of Political Parties,* Macmillan.

Plato, 2007. The *Republic*, Penguin Classics, 2nd ed., Penguin.

Putnam, R. D., Leonardi R. and Nanetti R., 1993. *Making Democracy Work: Civic Traditions in Modern Italy,* University Press.

Rahat, G. and Hanzan R. Y., 2001. "Candidate Selection Methods: An Analytical Framework," *Party Politics,* 7(3) 297-322.

Rothschild, M. L., 1975. "The Effects of Political Advertising on the Voting Behavior of a Low-involvement Electorate," *Dissertation Abstracts International* 35: 7473A-7474A.

Shepsle, K. A. and Weingast B. R., 1987. "The Institutional Foundations of Committee Power," *Journal of Political Science* 81(1): 85-104.

Short, C., 1996. "Women and the Labour Party," in J. Lovenduski and P. Norris eds. *Women and Politics,* Oxford University Press.

Sokoloff, K. L. and Engerman S. L., 2000. "Institutions, Factor Endowments, and Paths of Development in the New World," *Journal of Economic Perspectives* 14(3): 217-232.

Stogdill, R. M., 1948. "Personal Factors Associated with Leadership: A Survey of the Literature," *The Journal of Psychology* 25: 35-71.

Shugart, M. S. and Carey J. M., 1992. *Presidents and Assemblies: Constitutional Design and Electoral Dynamics,* Cambridge University Press.

Tupes, E. and Christal R., 1961. "Recurrent Personality Factors Based on Trait Ratings," *Technical Report ASD*-TR-6197.

Williams, Robert, 2000. *Party Finance and Political Corruption,* St. Martin's Press.

Wren, Daniel A., 2005. *The History Management Thought,* The University of California Press.

3. 기 타

중앙일보, "한나라당 서울시장 후보 오세훈 확정," 2006.4.26.

네이버 지식백과, 『세계사 다이제스트 100』, "눈에는 눈, 이에는 이 함무라비 법전"
(https://terms.naver.com/entry.nhn?docId=1833171&cid=43072&categoryId=43072)

American Perspective, 2014.04.04
(http://prospect.org/article/how-our-campaign-finance-system-compares-other-countries)

Clifford, Catherine, "Elon Musk's 3 best pieces of advice for how to be a great leader," 2017.6.21.

(https://www.cnbc.com/2017/06/20/elon-musk-how-to-be-a-great-leader.html)

IDEA, *Funding of Political Parties and Election Campaigns: A Handbook on Political Finance.* 2014.
(ttps://www.idea.int/sites/default/files/publications/funding-of-political-parties-and-election-campaigns.pdf)

History, "Code of Hammurabi"
(https://www.history.com/topics/ancient-history/hammurab)

Keim, Brandon, "The Cloudy Ethics of Utilitarianism," Wired. Com, 2008.
(https://www.wired.com/2008/10/the-dilemma-of/)

Moon, J. S., *Women's Rights in France, in Encyclopedia of 1848 Revolutions*, 2005. (http://www.ohiou.edu/~chastain/rz/womrgt.htm).

Time, "Person of the Year, Angela Merkel," 2015. 01.
(http://time.com/time-person-of-the-year-2015-angela-merkel-choice/)

Rogers, Michael G., *Teamwork and Leadership Training.*
(http://www.teamworkandleadership.com/2012/05/leadership-and-integrity-two-powerful-leadership-stories-to-tell.html)

Entrepreneur, "The Top 10 Most Beloved CEOs, Including Elon Musk and Mark Zuckerberg," 2017.6.21.
(https://www.entrepreneur.com/slideshow/296183)

The Teachers Pass, Gandhi Story.
(https://preilly.wordpress.com/2008/07/19/gandhi-story/)

민주주의 워크북
― 민주주의 근육을 키우자 ―

초판 제1쇄 펴낸날 : 2018. 12. 20

지은이 : 김 민 전

펴낸이 : 김 철 미

펴낸곳 : 백산서당

등록 : 제10-42(1979.12.29)
주소 : 서울 은평구 통일로 885(갈현동, 준빌딩 3층)
전화 : 02)2268-0012(代)
팩스 : 02)2268-0048
이메일 : bshj@chol.com

※ 저작권자와의 협의 아래 인지는 생략합니다.

값 15,000원

ⓒ 김민전

ISBN 978-89-7327-536-6 03340